YELLOW BASTARD

Diogo Liberano

YELLOW BASTARD

TEATRO INOMINÁVEL \\

COLEÇÃO DRAMATURGIA

Cobogó

SUMÁRIO

O que é – e o que pode vir a ser – uma dramaturgia

Os nomes mudam o tempo inteiro. Durante um processo de criação, ao menos junto ao Teatro Inominável, os nomes estão sempre em mutação, transmutam-se, insaciáveis eles são. Não há, entre nós, uma confiança assim tão grande nos sentidos, nas palavras, nem em qualquer esforço para fechá-los. Se aquilo que nos anima é o desejo, há portanto uma instabilidade inerente a ele que nutre as nossas criações. Talvez por isso gostamos de nos chamar inomináveis, não porque detestamos os nomes, mas porque acreditamos que eles precisam nascer e morrer para um renascimento revigorado, se quiserem acompanhar as transformações de nossos corpos e de nossa época.

No caso desta criação, *YELLOW BASTARD*, desde o início (e isso data de 2011), mergulhávamos em universos vastíssimos: a vida de Jesus Cristo, os evangelhos apócrifos, física quântica, o planeta Marte, inúmeras ficções científicas, o Holocausto e as desumanizadoras guerras mundiais, memórias pessoais dos criadores, Friedrich Nietzsche e David Bowie. Quanto mais entrávamos nesses abismos, mais nos parecia impossível vislumbrar a criação que viria. E eis algo que me interessa: o impossível. A busca pelo impossível não só é possível, como me parece determinante. Quando me movimento criativamente rumo a algo que considero impossível, o faço ainda mais feliz e desejante porque sei que essa nova criação trará em sua consistência a própria impaciência da busca, terá em si algum vento, um movimento instável e específico a ela.

Tudo isso para dizer que aquilo que está impresso nas páginas a seguir são dois textos que, inicialmente, foram nomeados por mim como romance e dramaturgia. Faço questão de sublinhar minha confusão em nomear tais textos, por acreditar que ela é propriamente a força motriz dessa criação. Escrevi uma narrativa em prosa, nomeada romance, fazendo uso de um narrador onisciente e de discursos diretos e indiretos dos inúmeros personagens que cruzam o caminho do protagonista. Essa é a narrativa que ocupa as páginas da esquerda desta publicação.

As páginas do lado direito contêm o texto tal como dito em nossa encenação teatral. Esse texto, inicialmente nomeado dramaturgia, foi composto após a finalização de cada capítulo do romance. Fiz da seguinte forma: finalizava um capítulo, abria um novo arquivo no editor de texto e copiava nele, integralmente, o texto desse capítulo. Em seguida, selecionava letras, palavras, frases e mesmo parágrafos inteiros e os pintava de branco na página também branca. O que sobrava, então, era uma espécie de texto residual, preto, um negativo do romance destinado a ser dito em cena.

Comecei a escrever *YELLOW* em janeiro de 2019 e o finalizei em junho do mesmo ano. Por conta da profusão de sensações e acontecimentos solicitados pela trama, foi necessário escrever livremente, como quem conta uma história que vai sendo descoberta durante o próprio ato de ser contada. Escrevia contando uma narrativa no instante em que ela ia sendo descoberta, inventada e imaginada. Lembro-me de que o primeiro capítulo escrito acabou se tornando o quarto capítulo da trama. Escrevi esse capítulo e o levei impresso para a sala de ensaio. Quando o lemos, independentemente do que viria a ser posto em cena, percebemos nele uma matéria estimulante à criação teatral. Não se tratava de o ator falar todo o texto integral do capítulo em cena. Foi então preciso compor um procedimento outro para essa criação.

Eis o procedimento: copiar o texto integral do capítulo e pintar de branco – sem apagamentos – todo o conteúdo que não seria dito pelo ator em cena. Quis manter nas páginas brancas o texto pintado em branco, ainda presente, completamente camuflado. Nesse jogo de pintar trechos de branco, meu critério foi o da agilidade na pintura. Já tinha sido muito criterioso escrevendo o dito romance, para a criação da dramaturgia não me permiti fechar sentidos nem impor coerência e legibilidade ao texto destinado para o ator. Escolhi, ao contrário, proteger os acidentes, as eventuais incoerências, a profusão confusa de tempos verbais, as associações pouco elaboradas entre um trecho e o seguinte (que não tinha sido originalmente escrito naquela sequência). Gastavam-se dias escrevendo um capítulo, e a pintura em branco de cada um deles era feita quase que em urgência, em menos de cinco ou dez minutos. Na sala de ensaio, vimos esse texto residual nos estranhar e, após alguns dias, nos estimular enormemente.

Nasceram buracos nas páginas, possíveis silêncios e pausas, vieram variações de intensidade por conta do empilhamento de palavras, espaçamentos improváveis entre letras soltas e as novas palavras que elas, juntas, formavam. Pintei de branco todas as vírgulas, pontos, pontos-vírgulas, exclamações, hifens e travessões, cada interrogação e reticências. Deixei em cor preta apenas letras e palavras. Isso estimulou o ator Márcio Machado a encontrar o sentido dele para a narrativa escrita por mim, nos estimulou a compor, em cena, uma trama polifônica, com variadas falas em primeira e terceira pessoas, descrições de espaço e sensações impressivas e expressivas, reflexões filosóficas, perguntas nascidas de afirmações e exclamações em frases que antes eram perguntadas. Esse texto, por muito tempo, foi chamado de dramaturgia.

Há algumas semanas, porém, após sair de uma aula de doutorado,[1] fui assaltado por uma questão que me pareceu seríssima: por que chamar de dramaturgia apenas o texto dito pelo ator em cena e não toda a trama antes rotulada de romance? Pareceu-me um crime, subitamente, fazer tão pouco caso do que é – e do que pode vir a ser – uma dramaturgia. Para o diretor italiano Eugenio Barba, dramaturgia, *drama-ergon*, é o trabalho das ações no espetáculo. Segundo ele, "tudo o que age diretamente sobre a atenção do espectador, sobre sua compreensão, sua emotividade e sua cinestesia também é *ação*"[2] e, portanto, só há dramaturgia quando essa diversidade de ações, de linhas, começa

[1] Desde 2018, sou doutorando no Programa de Pós-Graduação em Literatura, Cultura e Contemporaneidade da Pontifícia Universidade Católica do Rio de Janeiro (PPGLCC/PUC-Rio), sob orientação de Karl Erik Schollhammer, no qual pesquiso questões contemporâneas relacionadas à criação em dramaturgia.

[2] BARBA, Eugenio e SAVARESE, Nicola. *A arte secreta do ator – Um dicionário de antropologia teatral.* São Paulo: É Realizações Editora, Livraria e Distribuidora Ltda., 2012, p. 66.

a trabalhar junta e forma uma trama, um tecido ou tessitura, ou seja, um texto.

Se as reflexões de Barba dizem respeito ao fazer dramatúrgico de um espetáculo teatral, quando ele diz espectador, penso: não seríamos nós, criadores de teatro, também espectadores de nosso trabalho? Mais que isso: não seria todo espectador teatral também um leitor de um texto (cena)? Se sim, concebo dramaturgia como uma trama de ações que afetam a atenção, a compreensão, a emotividade e a cinestesia-sinestesia de cada leitor, seja ele espectador de uma peça, criador da mesma ou apenas leitor dessa trama publicada em um livro. As ações que agem num espetáculo, de maneiras distintas, também agem no texto escrito e publicado. Ora, então, desde o início, aquilo que escrevi e chamava de romance era propriamente uma dramaturgia, pois dramaturgia vai muito além do que apenas o texto dito em cena por um ator.

O texto integral foi de extrema importância não apenas para a composição do ator, mas também para a criação cenográfica e espacial, da indumentária, da iluminação, da trilha sonora, bem como do trabalho físico, vocal e de movimento. A maior parte da equipe de criação nem sequer teve contato com o texto impresso tal como dito pelo ator. O processo de criação foi ditado pelo texto integral, antes chamado romance, depois nomeado de dramaturgia, ainda que pudesse também ser reconhecido como um texto ou um conto, uma novela ou escritura, talvez, uma coisa literária, enfim... Ainda não sei como dar nomes definitivos a algo que respira.

Abro um livro que estou folheando faz meses. Comprei-o por conta de seu título: *O demônio da teoria: Literatura e senso comum*. Seu autor, Antoine Compagnon, ao refletir sobre a extensão da literatura, afirma que, após inúmeras mudanças teóricas ocorridas de Aristóteles e sua *Poética* até os dias de hoje, desde então, "por literatura compreendeu-se o *romance*, o *teatro* e a *poesia*, retomando-se à tríade pós-aristotélica dos gêneros épico, dramático e lírico, mas, doravante, os dois primeiros seriam identificados com a prosa e o terceiro apenas com o verso, antes que o verso livre e o poema em prosa dissolvessem ainda mais o velho sistema de gêneros".[3]

Já para o filósofo Jacques Rancière: "'Literatura' é um desses nomes flutuantes que resistem à redução nominalista, um desses conceitos transversais que têm a propriedade de desmanchar as relações estáveis entre nomes, ideias e coisas e, junto com elas, as delimitações organizadas entre as artes, os saberes ou os modos do discurso. 'Literatura' pertence a essa delimitação e a essa guerra da escrita onde se fazem e se desfazem as relações entre a ordem do discurso e a ordem dos estados."[4]

Se substituirmos a palavra "literatura" por "dramaturgia" na citação de Rancière, creio que seja possível encontrar a questão que almejo firmar nesta breve introdução. Não se trata aqui de tornar tudo inespecífico nem mesmo de encontrar um nome definitivo que feche algum sentido. O que desejo é apenas proteger o fascínio da busca, o privilégio da instabilidade, a força inominável da liberdade, ou seja, a própria criação artística. Talvez o que esteja nas próximas páginas seja literatura, nem tão dramática assim, nem só épica ou

---

[3] COMPAGNON, Antoine. *O demônio da teoria: Literatura e senso comum.* Belo Horizonte: Editora UFMG, 2010, p. 32.

[4] RANCIÈRE, Jacques. *Políticas da escrita.* São Paulo: Editora 34, 2017, p. 30.

lírica, talvez um híbrido de gêneros, talvez apenas – e isso não é pouco – dramaturgia. Defendo a palavra dramaturgia como esse manancial inesgotável de possibilidades: dramaturgias. Elas podem ser tal como já foram feitas, podem ser como estão sendo criadas agora e, sobretudo, dramaturgias podem. Podem aquilo que desejarem ser.

De fato, para além das nomeações e da guerra da escrita, escrevo a partir dos arrepios da experiência desse processo criativo. A possibilidade de escrever sem a preocupação da forma final que o texto terá é de extrema importância para o exercício criativo de um dramaturgo e, sobretudo, é extremamente determinante para o texto que virá. Não considero ultrapassada essa discussão. Percebo, como autor e também por atuar como formador de dramaturgxs, como os modelos e formas textuais mais tradicionais ainda oprimem os autores e imprimem em seus textos uma estruturação que, em muitos casos, anemiza a vibração desejada por determinada escrita ou texto. Para mim, de fato, um texto criado é uma vida que se cria. Cada texto afirma o seu modo específico de ser, sua diferença e alegria, no entanto, se um(a) autor(a) não se permite descobrir qual gênero ou transgênero seu texto quer ter, em qual corpo ele deseja ser, então seu texto estará fadado a existir confinado em fôrmas que não o dizem, que não o potencializam. É contra essa privação de não podermos fazer de outros modos que manifesto, nesta Introdução, essas palavras, talvez, um pouco ou muito imprecisas.

Porque vi, eu vi, na cena teatral e nos olhos dos meus amigos de companhia, a escrita que inicialmente parecia não ser destinada ao ato teatral nos brindar com possibilidades e dificuldades apaixonantes e imensas. Vi o desejo dessa criação ser protegido e levado até o fim: estamos contando a história que queríamos contar e, sobretudo, a contamos do modo como nos foi alegre e gostoso, sem regras prévias, sem nada assim tão definido, tudo em pleno gozo, em experimentação, valorizando a criação artística como uma geniosa pista para a nossa própria vida: ela também, a vida, pode ser criada e recriada, reescrita e modificada. Ela também, a vida, é texto.

Agradeço – com profunda e radical admiração – aos insaciáveis amigos dessa jornada, o diretor Andrêas Gatto e o ator Márcio Machado, este último, amigo para o qual dedico e ofereço o meu amor e o meu pavor concentrados nestas páginas. Foram esses dois artistas que preencheram a nossa cena com os textos que pintei de branco. Agradeço também ao meu crítico severo e tradutor, Alessandro Ribeiro, por desconfiar de tantas vírgulas e me sugerir tantas outras palavras. E, especialmente, agradeço à Editora Cobogó por publicar em sua Coleção Dramaturgia este texto inominável, de um lado, inteiro, e do outro, aos pedaços. Um texto único, mas partido ao meio, meio texto-vento e em movimento, para ser lido do modo como cada leitora e cada leitor quiser experimentá-lo.

Diogo Liberano

Rio de Janeiro, 16 de junho de 2019

YELLOW BASTARD

de **Diogo Liberano**

O que conta não é mais o enunciado do vento, é o vento.

GEORGES BATAILLE

não   mais o enunciado do vento   o vento

BATAILLE

YELLOW BASTARD é a décima criação do Teatro Inominável. Estreou em 26 de junho de 2019, no Teatro III do Centro Cultural Banco do Brasil (CCBB) do Rio de Janeiro, com patrocínio do Banco do Brasil.

Dramaturgia
Diogo Liberano

Direção
Andrêas Gatto e Diogo Liberano

Atuação
Márcio Machado

Cenário
Elsa Romero

Figurino
Ticiana Passos

Iluminação
Livs Ataíde

Trilha sonora original
Arthur Braganti

Colaboração de trilha sonora e voz em *off*
Letícia Novaes

Direção de movimento
Gunnar Borges

Oficina de voz
Leandro da Costa

Tradução
Alessandro Ribeiro

Consultoria em advocacia
Tatiana Alvim

Fotografias e registro audiovisual
Thaís Grechi

Mídias sociais
Thaís Barros

Design gráfico e projeções
Diogo Liberano

Assessoria de imprensa
Lyvia Rodrigues (Aquela que divulga)

Assistência de cenografia
Lucas Botelho

Alfaiataria
Macedo Leal

Produção
Clarissa Menezes

Direção de produção
Clarissa Menezes e Diogo Liberano

Realização
Teatro Inominável

Capítulo 1

Fazia meses, tudo branco. De fato, às vezes pensava, tudo branco demais. E enrolava entre os dedos o papel higiênico – branco, em folhas duplas – e se limpava novamente, mesmo já suficientemente limpo. Suas manhãs eram assim: amenas e despreocupadas. Acordava antes do despertador e sentia um prazer enorme em desligá-lo segundos antes de ser importunado pelo alarme. Erguia-se da imensa cama e esticava o corpo como se quisesse tocar o teto do quarto. Depois, lavava as mãos com sabonete líquido cheirando a baunilha e, apenas com a água fria, molhava a própria face com delicadeza. Naquela manhã, após secar o rosto com uma toalha branca e felpuda, flagrou no reflexo do espelho um sorriso prestes a transbordar.

Na cozinha de seu apartamento, a espera se mostrava ainda mais concentrada. Sobre a mesa, colocou dois pratos, duas pequenas colheres, dois guardanapos grandes e um pequeno vaso com um girassol já por morrer. Sobre cada prato, um suporte de aço inoxidável no formato de um ovo. Eram quase sete horas da manhã quando ouviu o barulho que há meses ansiava escutar.

1

De fato tudo
branco demais

suficientemente limpo
Acordava antes do despertador

Erguia se da imensa cama

lavava mãos com sabonete
baunilha

Na
mesa dois pratos

sete horas da manhã

Acendeu o fogão. Uma pequena leiteira cheia de água – com dois ovos dentro – começou a esquentar. A campainha tocou. Ágil, avançou até a porta da sala e, brincando, ainda sem abri-la, perguntou quem era àquela hora. Do outro lado, um pouco suada e bastante ofegante, apesar do elevador, ela lhe respondeu.

– Deixa de ser besta, criatura, é sua mãe!

Ele abriu a porta como se abrisse um presente de Natal e tudo então ficou imenso: seus braços que se abriram, o sorriso ocupando toda a extensão de sua branca face, a saudade saltando corpo afora – desmedida – feito um cão aguardando a dona após um longo dia trancado em casa. Ele a abraçou inteiramente, apertando suas dobras, bolsas e sacolas, afagando todo o suor e todas as tentativas que sua mãe fazia para pronunciar qualquer breve palavra.

– Ela chegou! – disse ele, com voz infantil, beijando-a sucessivas vezes com rapidez e carinho. Arrancou dos braços dela seus apetrechos e os colocou sobre o sofá da sala. – Como foi a viagem? – perguntou. – Demoraram mais que o normal. Aconteceu alguma coisa na estrada?

Ela se aproximou do filho, ainda ofegante, limpou o suor do próprio rosto com o verso da mão esquerda e, em seguida, com a mesma mão, espalmada, percorreu com delicadeza e lentidão o rosto dele.

– Sei que ele é de sua confiança, mas veio a madrugada inteira falando. Eu querendo ouvir meu rádio no fone de ouvido, para não incomodar, e ele falando sem parar. Chegou um momento que eu disse que pagaria a mais por cada minuto que ele conseguisse dirigir o carro sem falar nada.

– E pagou? – Ele quis saber.

– Paguei nada. Ele parou de falar palavra, mas aí começou a assobiar. Sei que ele é de confiança, mas da próxima

A campainha
tocou
Do outro la
do

criatura é sua mãe

e tudo então ficou imenso

Ele a abraçou apertando dobras bolsas
sacolas afagando o suor

Ela chegou beijando a
rapidez carinho

o
normal
Ela limpou o su
or
percorreu com
lentidão o rosto dele
Sei que ele é de sua confiança mas veio a madruga
da inteira falando

da próxima

vez, meu filho, me coloca dentro de um ônibus que eu venho mais sossegada e chego aqui menos irritada – e avançou para a cozinha, percebendo o fogão aceso. – Já está fazendo ovo?

Ele sorriu. Ela também. Seus olhos se encontraram e, como costumava acontecer quando se miravam assim profundamente, uma tristeza contente se instalou entre os dois. Diferente dele, cujo sorriso ainda se alastrava por todo o rosto, nela, aquela sensação rapidamente se precipitava em choro. Chorou, delicada, abraçando o filho na mesma intensidade do aperto que sufocava o seu coração por tantas décadas.

– A mãe sente saudade – e a sua mão agora percorria os finos cabelos dele. – Muita saudade, às vezes. – E ele, que até aquele dia não sabia jogar xadrez nem chorar, disse o mesmo já dito outras vezes. – Então venha mais, minha mãe, fique mais dias aqui comigo – e então ela se afastou dele, como se por ser mãe devesse manter alguma distância de um filho já tão crescido.

– E as namoradas, como ficam? – provocou ela. – Elas não vão te dar confiança se souberem que a sua velha mora no mesmo apartamento que você.

– Estou casado, mãe... – e ergueu os olhos na direção dela.

– O quê?! – disse ela, quase engasgando.

– Casado com o meu trabalho – respondeu ele, sorrindo. – E a nossa lua de mel ainda está gostosa que é uma beleza.

– Trabalho, numa hora ou noutra, meu filho, acaba – balançou a cabeça, discordando. Depois, avançou para o fogão, desligou o fogo antes de a água ferver por completo e lançou a panela na pia, abrindo sobre ela a torneira de água fria. Enquanto o calor se dissipava, de costas para o filho,

vez meu filho me coloca dentro de um ônibus que eu
chego aqui menos irritada e
percebendo o fogão aceso tá
fazendo ovo

quando se miravam assim
uma tristeza contente entre os dois

saudade

e se afastou
como se devesse manter alguma distân
cia de um filho tão crescido

Estou casado mãe

com o meu trabalho

Trabalho numa hora ou noutra meu filho acaba ba
lançou a cabeça discordando
desligou o fogo
panela pia torneira água
fria o calor se dissipava

ela lhe disse algo que permaneceria vivo nele, mas só a partir do dia seguinte.

– Já me gastei demais procurando o amor onde ele não estava. Não tenho mais idade para isso. Já entendi, faz tempo que o amor está comigo, meu filho. Você é novo demais para ficar sozinho – interrompeu-se, novamente tomada por curtas lágrimas. Fechou a torneira, retirou os ovos da água e os colocou nos recipientes sobre os pratos.

Frente a frente, sentados à mesa da cozinha, voltaram a se olhar naquela duração comovida e comeram, cada um, o seu ovo quente.

– Quando se está vivo, mãe, não tem isso de ser velho ou novo demais.

– Diga isso aos meus joelhos. Pergunte à minha coluna se ela concorda com você – respondeu ela colocando mais sal no ovo e, depois, lambendo a ponta dos dedos com unhas pintadas de branco.

– Daqui a pouco eu tenho um julgamento no fórum – disse ele.

– Não quero atrapalhar você – retrucou ela.

– E a senhora pretende fazer o quê hoje?

– Uma janta para quando você voltar. – Ela olhava o prato vazio em vez de mirar o filho, por medo de que ele desvendasse a angústia que a ocupava.

– E não vai passear, mãezinha?

– Não me importo com isso não – disse, quase ríspida.

Ele respirou fundo, baixou a cabeça e se aproximou da mãe.

– O que a senhora não está querendo me contar?

"Tudo, meu filho", pensou ela. Ergueu-se da cadeira, recolheu os pratos e demorou, propositadamente, lavando as poucas louças sujas.

o amor

o amor está meu filho

voltaram
a se olhar comeram cada um
o seu ovo quente

mais
sal

Daqui a pouco tenho um julgamento no fórum

a senhora pretende o quê hoje
Uma janta para você

disse quase ríspida

O que a senhora não tá querendo me contar
cadeira
pratos

– Você parou de tomar café? – perguntou ela, desviando o assunto.

– Estava me deixando agitado demais. Mais que o normal.

– Posso passar um fresquinho? – perguntou ela.

Ele permaneceu em silêncio. Ela colocou a chaleira no fogo, ele se ergueu e saiu em direção ao banheiro, sutilmente.

Na cozinha, despejando água quente sobre o pó de café, ela percebeu que sua mão direita começava a tremer. Fechou os olhos e, imediatamente, se condenou por tê-los fechado. Ela sabia o motivo: seu passado imperfeito, outra vez, a assaltaria. Aquele mal-estar, ainda mais nítido, voltando agora não apenas em seus pesadelos, mas atravessando também as horas do dia. O cheiro do café virava cheiro antigo de terra escura e sanguínea.

Uma cova aberta, era ela agora. Saindo do meio de suas pernas, um cordão umbilical sustentava, feito um móbile, o pequeno corpo de seu filho espancado. Filho morto sem nunca ter respirado o ar. Ela caminhava trôpega em direção ao quintal. A criança morta, presa pelo cordão, pingava pelo caminho até pousar, junto à sua mãe, sobre a terra escura do terreno.

Tudo agora se repetia. "Antes de ficar pronta. Ela ainda sequer estava pronta...", dizia a si mesma, tomada de raiva, dizia tudo para dentro como uma prece ou maldição, enquanto olhava com profunda dor e espanto o rosto pisoteado do filho, rosto pisoteado horas antes por quem teria sido o seu pai.

Mãos trêmulas. Café cheirando a terra. Tudo em repetição. Ela cavava – outra vez – a mesma pequena cova, quase um relicário. Segurava a corda que saía de si e, sem tocar

café desvian
do o assunto

Ele
se ergueu ao banheiro sutil
mente
Na cozinha
ela
Fechou os olhos
seu passado imperfeito
voltan
do
O cheiro
antigo terra escura sanguínea
cova aberta
feito um móbile

A criança morta presa pelo cordão pingava pelo
caminho
do terreno
Tudo se repetia

raiva maldição
espanto o rosto
do filho pisoteado horas antes por quem teria
sido pai
Mãos terra repeti
ção Ela cavava outra vez a mesma pequena cova
a corda que saía de si

no bicho que lhe teria sido filho, o pousava dentro de seu primeiro e último berço, sem lençol. Depois pousava um punhado de terra sobre os olhos da criança que não chegou a ver o mundo.

Ela olhava o céu em busca de algum consolo. Deus ficava minúsculo, subitamente. Nada mais doía, apesar da marca dos chutes no ventre e da alma escancarada, ela via seu cordão arterial saindo de si para adentrar a terra que escondia o morto sem rosto. Depois, enfiava – novamente – a mão esquerda na própria vagina e, vasculhando-se, encontrava a origem do cordão umbilical e o arrancava com firmeza indecisa.

Era ela – outra vez – quem mirava o céu vermelho amanhecendo quase amarelo. Era ela – outra vez – quem tombava para trás, dobrando-se inconsciente sobre as próprias pernas raladas. Era ela – outra vez – emudecida, forjando a razão de seu luto profundo.

Agora – na cozinha do apartamento desse outro filho também sem pai – ela era o silêncio que parecia implorar para ser desenterrado.

o bicho que teria sido filho seu
primeiro e último berço
terra sobre olhos

Deus
minúsculo

alma escancarada
seu cordão arterial saindo de si para adentrar a terra
novamen
te mão na vagina e
o cordão umbilical arrancava

outra vez céu vermelho
outra vez

pernas raladas ela outra

Agora
ela o silêncio que parecia implorar
para ser desenterrado

Capítulo 2

Estava cedo demais. Pensou que mais à noite, por certo, conseguiria falar com sua mãe sobre o assunto que fosse. Já estava acostumado. A conversa entre eles demorava a vir, mas sempre chegava. "Está cedo demais", disse para si mesmo, mirando o próprio rosto no espelho do elevador. Aproximou-se de sua imagem conferindo a limpeza dos dentes e dos finos cílios. Nenhuma sujeira ou remela, tudo no seu devido lugar. E sorriu, balançando a cabeça. Por vezes, ele mesmo se achava estúpido demais.

O elevador foi do 45º andar até o térreo em pouquíssimos segundos. Logo após sair do prédio e mirar o céu, decidiu que seria melhor ir caminhando até o escritório. E assim ele foi: confortável dentro de um par de sapatos pretos e lustrados, envolvido por um terno também preto e retinto, ele cujos olhos amendoados brilhavam ainda mais naquela manhã ensolarada. Em sua mão esquerda, uma pasta – de couro e também preta – parecia mais um adereço do que propriamente uma necessidade.

2

mais à noite

conseguiria falar sobre o assunto que

fosse

Está cedo demais

o rosto no espelho do ele

vador

Nenhuma remela

tudo no lugar

de

cidiu ir caminhando a o escritório

confortável sapatos pretos

terno preto retinto

mão pasta

couro também preta

Cruzando avenidas e calçadas amontoadas por gente começando mais um dia de trabalho, o homem engravatado não conseguia parar de pensar em sua mãe. Havia uma angústia nela que ele não sabia nomear. O sinal fechou. Parado em frente a uma longa faixa de pedestres atravessada por automóveis impacientes, percebeu que o problema não era propriamente aquilo que sua mãe talvez escondesse dele, mas, sim, a sua incapacidade de permanecer, que fosse por algumas horas, com alguma questão aberta em sua vida.

Esperando o sinal abrir, sentiu um forte esbarrão em seu braço direito. Seus pés chegaram a titubear sobre a calçada. Automaticamente, passou a mão sobre o terno, limpando-o. Em seguida, buscou o olhar da mulher que nele esbarrou, mas ela estava ocupada demais com um moleque de cara oleosa e cabelos pintados de rosa, provavelmente seu filho. O menino resmungava alguma coisa à mãe, que respondia comprimindo a mão do moleque com excessiva força. Vendo a situação, ele soltou um breve riso. Foi quando a mulher, ágil, o olhou, censurando-o por ter se intrometido num assunto tão familiar e privado. Ele, então, desviou o olhar para o céu e, em seguida, fechou os olhos. O moleque continuava resmungando a seu lado. O sinal ainda estava fechado. O dia, antes tão bonito, já lhe dava certezas de que pioraria.

Quando o sinal finalmente abriu, foram apenas alguns metros até a entrada do prédio onde trabalhava. Antes mesmo de atravessar a última rua, ele já tinha avistado a sua cliente, ansiosa por sua chegada. De baixa estatura, a velha usava mais roupas do que parecia necessário para uma manhã tão quente como aquela. Nas mãos, ela segurava algo que parecia um presente. Quando o avistou, do outro lado engravatado

não conseguia parar de pensar Havia uma an
gústia nela que ele não sabia O sinal fechou

o problema era

permanecer

com alguma questão aberta

forte

demais

oleosa

alguma coisa

censurando o

continuava resmungando

certeza de

que pioraria

sua

cliente De baixa estatura

segurava

um presente

da rua, começou a sorrir e a chorar. Era sempre assim: ela chorava enquanto sorria e, mesmo sorrindo, sem motivo aparente, chorava.

– Bom dia, dona Aparecida – disse à mulher que parecia quase febril.

– Bom dia, senhor... – disse ela, sem sequer conseguir completar o cumprimento.

Ali, na entrada do prédio, sob um sol que já lhe fazia suar, ali mesmo, a mulher desatou a chorar ao mesmo tempo em que lhe estendia o presente delicadamente embrulhado em papel de pão. Ele, sonhando com o ar-condicionado de sua sala, tentava acalmá-la, segurar o embrulho a ele destinado e empurrá-la para dentro do edifício.

– É de quebrar, senhor, cuidado – disse ela, ainda chorando.

– Não se preocupe. Vamos entrar. Está quente. Agora vamos entrar – disse ele, e a conduziu diretamente ao elevador, acenando ao porteiro do edifício e aos funcionários que, na recepção, pareciam querer rir da situação.

Dentro do confinado elevador, ouvindo sonoras fungadas de nariz, ele apoiou um dos braços sobre as costas da velha. Sabia que esse tipo de proximidade era indevida, mas também sabia que era um recurso infalível. Assim que apoiou o braço nos ombros da mulher, a respiração dela se acalmou. Então ele disse, sem medo nem certeza, que tinha boas notícias para ela. E, por conta disso, a mulher voltou a chorar.

O ar-condicionado já marcava vinte graus quando entraram em sua sala. Enquanto dona Aparecida se acomodava numa das confortáveis poltronas, o advogado apoiou o presente que havia recebido sobre a mesa lustrada e tirou sempre

chorava sorria e sorrindo

chorava

dona Aparecida

É de quebrar senhor cuidado

Dentro do confinado elevador fun
gadas
da velha

o braço nos ombros dela
acalmou disse que ti
nha boas notícias

ar condicionado vinte graus
dona Aparecida
poltrona apoiou o
presente sobre a mesa tirou

o terno, devidamente colocado em volta de sua cadeira de couro. A porta da sala foi aberta. Um dos estagiários, visivelmente apreensivo, entrou para lhe passar os informes mais urgentes, mas foi imediatamente interrompido.

– Que roupa é essa, meu jovem?

O menino arregalou os olhos, tomou um pouco de ar e respondeu:

– É a roupa que me mandaram usar, senhor – disse lentamente.

– E você simplesmente acatou essa ordem? – perguntou ele, irreverente.

– E não deveria, senhor? – disse o estagiário, ligeiramente trêmulo.

Após um pequeno e calculado silêncio, o advogado abriu um largo sorriso e, tentando contagiar também a sua cliente, que ainda limpava copiosamente o nariz, disse ao menino, categórico:

– Não deveria, senhorzinho – brincou ele, que se divertia toda vez que tinha um novo estagiário no escritório. – Porque se o senhor simplesmente aceitar esse tipo de ordem, daqui a pouco a sua vida vai estar em função desse desfile de moda horrendo e monocromático que é um escritório de advocacia – e riu, sonoro. – Sabe qual é a cor da cueca que eu estou usando hoje?

O menino não conseguiu responder.

– Sabe qual é a cor da minha cueca hoje? – repetiu o advogado.

– Branca, senhor? – disse o rapaz, apavorado.

– Hoje estou sem cueca – e riu, mais uma vez, sozinho. – É preciso saber usar o figurino, entendeu, moleque? Mas você não deve nunca esquecer quem é você para além desse uniforme, está me entendendo?

o terno
porta aberta estagiário

Que roupa é essa jovem
O menino arregalou os olhos

trêmulo
um silêncio

Não

daqui a pouco a sua vida vai estar em função desse desfile de moda monocromático que é um escritório de advocacia Sabe qual é a cor da cueca que eu estou usando hoje

Sabe qual cor repeti

Branca senhor disse o rapaz
Hoje estou sem cueca
entendeu
cê não deve nunca esquecer quem é você para além desse uniforme

O menino não entendeu, mas sorriu, fingindo cumplicidade.

– Agora o caso da dona Aparecida, por favor.

A velha fungou o nariz mais uma vez. O estagiário vasculhou um punhado de papéis que estavam em suas mãos e, consultando um documento, afirmou:

– O réu não se manifestou dentro do prazo disponível aos recursos, senhor. – E arriscou: – Trata-se, então, de um caso de revelia, correto?

– Exato. Revelia. Pode sair, Frederico, obrigado. – O menino já saía quando foi novamente interrompido. – E amanhã não se esqueça de vir calçado com um par de tênis bem velho e surrado. Combinado?

O jovem fez que sim com a cabeça e bateu a porta, apressado.

– Revelia, dona Aparecida – sublinhou o advogado.

Ele se aproximou de uma pequena mesa no fundo da sala e colocou duas pequenas xícaras dentro de uma encorpada máquina de café. Sozinha, a máquina fez o serviço enquanto ele caminhava, lento e contrariado, de um lado a outro da sala. O café ficou pronto. Ele pegou as duas xícaras, colocou-as sobre uma bandeja e a posicionou noutra mesinha, ao lado da mulher.

– Eu também peido, sabia, dona Aparecida?

Ela voltou a chorar, abraçando-se ao casaco que a aquecia.

– Não chore, minha senhora, por favor – pediu ele, honestamente.

Ela limpou o nariz com o lenço de pano já completamente encharcado e, com os dedos trêmulos, apontou para a xícara de café a seu lado.

por favor

A velha fungou O estagiário

afirmou

O réu não se manifestou n o prazo

um

caso de revelia

Pode sair Frederico

E ama

nhã não esqueça um tênis

bem surrado

Revelia dona Aparecida

O café pronto duas xí

caras uma bandeja

ao lado da mulher

Eu também peido sabia

Ela voltou a chorar

por favor ho

nestamente

o

café

– Fiz para a senhora, por favor, tome. Vou te acompanhar.

Beberam o café e se olharam em silêncio por breves segundos.

– Como eu estava dizendo à senhora – e endossou –, com todo o respeito, eu também solto pum, assim como a senhora também peida.

Lentamente, ela o encarou nos olhos. Ele explicou.

– Dizer isso é a mesma coisa que dizer que a vitória do seu caso é nossa, dona Aparecida, nós vencemos a sua causa justamente porque a senhora peida, eu peido e todos os seres humanos também peidam.

Ela esboçou um sorriso enquanto seus olhos se empoçavam outra vez.

– E eu vou ganhar quanto de dinheiro? – perguntou ela, franca.

– No mínimo, mais do que a sua merecida aposentadoria – afirmou ele.

De pé, redondamente contrariado, o advogado apoiou as mãos sobre a mesa e flagrou, novamente, o embrulho ansioso por ser descoberto. De costas para a mulher, em frente à imensa janela que enquadrava dezenas de edifícios espalhados pelo centro da cidade, ele fechou os olhos. Uma de suas mãos, descolando-se da mesa, subiu até o pescoço e ajustou a gravata que nem sequer era necessária. Ao menos, não para aquele lugar. Porque não era ali onde ele gostaria de estar naquela manhã. Sabia-se menor dentro de um escritório, sentia-se confinado. Era no palco de um fórum onde ele queria estar. Num lugar com audiência que assistisse à sua magistral performance como advogado.

– Que atire a primeira pedra quem nunca peidou! – bradou ele em voz alta, atraindo para si a atenção das pessoas tome

eu também solto como a
senhora peida
Lentamente
a vitória
do seu caso é nossa vencemos
porque todos
peidam
um sorriso

ganhar dinheiro

merecida aposentado
ria ele
contrariado

em
frente à imensa janela dezenas de edifícios
a cidade ele
o pesco
ço a gravata
não era ali ele
gostaria de estar
no palco um fó
rum queria audiência

Que atire a primeira pedra quem nunca peidou

que – imaginava ele – subitamente pregariam os olhos nele. Ainda não de todo satisfeito, o homem engravatado sublinharia as palavras para que elas dissessem não apenas o que ele desejava, mas também tudo aquilo que ele gostaria que entendessem delas.

– Todos nós peidamos, senhoras e senhores! Faz parte da condição humana, independentemente da cor, da classe social, da religião ou da orientação sexual. E para que fique evidente a todas e todos hoje aqui presentes – e fez uma pausa cirúrgica –, nenhuma empresa está no direito de demitir alguém por conta de suas flatulências, sejam elas pouco ou muito cheirosas.

E sorriu, de leve, ciente dos olhos que o olhariam, atento aos mínimos movimentos, aos gestos bruscos e aos mais delicados que fazia. Excessivamente cuidadoso com a sua apresentação diante de juízes, réus e algozes, mesmo não sabendo jogar xadrez, ele tinha consciência que sabia muito bem, ao menos, como aplicar um xeque-mate.

– Sei o quanto sou tomado por ridículo por defender causas que muitos julgam não ter importância. Mas em épocas cínicas como a nossa, em que violências são naturalizadas todos os dias, quando passamos a achar normal o desrespeito entre os seres humanos, quando a ausência de cuidado com o outro se tornou praticamente um valor entre nós, eu insisto em defender o indefensável – disse ele, e ergueu seu longo braço, apontando a mulher que, com o mesmo lenço, secava olhos e narinas. – Esta mulher não pode ser demitida sob alegação de justa causa simplesmente porque é humana, ou seja, simplesmente porque peida! E sei, minhas caras e meus caros, sei que a vossa vontade é rir, eu também riria, não fosse o meu riso – nessa

Todos peidamos senhoras e senhores

independente da cor clas

se religião

e

nenhuma empresa está no direito de

demitir alguém por conta de flatulências

pouco ou muito cheirosas

juízes réus algozes

xeque mate

Sei o quanto sou ridículo por defender

causas que muitos julgam não ter importância Mas em

épocas como a nossa

quando passamos a achar normal o

desrespeito entre humanos

insisto em defender o indefensável

Esta mulher não

pode ser demitida

porque

peida

rir eu também riria riso

circunstância – cúmplice de um gesto criminoso que tem por objetivo exterminar os direitos de uma trabalhadora que durante mais de 15 anos foi uma empregada exemplar para uma empresa que agora a demite por justa causa. Ora, justa causa?! – indagou ele aos que ali estavam. – Agora é justo não ser humano? Pois eu desafio esses empresários e seus advogados, desafio essa corja desumana a provar que estou errado. Excelentíssima Juíza, peço-lhe, sem mais delongas, que me conceda a vitória dessa causa tendo em vista que a eliminação involuntária, conquanto possa gerar constrangimentos e, até mesmo, piadas e brincadeiras, não há de ter reflexo para a vida contratual de nenhum ser humano.

E já não havia mais ninguém em sua sala, exceto ele próprio, povoado de si e de tantos que o teriam aplaudido. Sua boca estava seca, seu orgulho resplandecia, quase inflamado. Sobre a mesa, ainda inerte, o embrulho recebido naquela manhã solicitava a sua atenção. Ele rasgou delicadamente o papel e, para sua surpresa, uma cartela com vinte e poucos ovos vermelhos e graúdos, diretamente da roça, o olharam com carinho e devoção. Um sorriso atravessou seu rosto. A infância lhe bateu na porta.

– Ovos de granja... – disse baixinho para si mesmo, quase envergonhado.

gesto criminoso
uma trabalhadora
exemplar
por
justa causa é
justo não ser humano

errado Excelentíssima
me conceda a vitória
a eliminação involuntária conquanto possa gerar
constrangimentos
não há de ter reflexo para a vida contratual de nenhum ser hu
mano
E já não havia mais ninguém ele
povoado de si
boca resplandecia in
flamado Sobre a mesa o embrulho
atenção rasgo deli
cadamente o papel surpresa
vinte e poucos ovos da
roça devoção
A infância bateu na porta
Ovos

Capítulo 3

Por vezes, lembrava a si mesmo que o sentido de sua profissão era contribuir de maneira decisiva para o bem-estar de seus clientes. Pessoas que, antes de serem clientes, eram pessoas. Ele também tinha consciência das inúmeras violências que seguiam sendo praticadas apenas porque as pessoas não sabem quais são seus direitos e, muito menos, como fazer para vingá-los.

Era esse o seu papel. E eram tantos clientes, tantos e tão diversos os casos que chegavam a ele. Um advogado de defesa. Era assim como se nomeava. Por mais de uma década, havia conseguido não se dobrar unicamente aos interesses de empresas e seus empresários. Ainda que estabelecido e reconhecido, ele precisava sempre se repetir que estava fazendo o que era preciso ser feito e do modo como sentia ser preciso fazer.

Em seu escritório, inevitavelmente, existiam advogadas e advogados contratados para fazer o serviço sujo. Isso nunca foi um segredo. Ele pagava muito bem a alguns profissionais para fazer uma única tarefa: lutar pelos interesses em-

3

P[o]

antes de clientes

pessoas

que

não sabem quais são seus direitos

como faz

Um advogado

de defesa

não aos

interesses de empresas empresários

inevitavelmente

pag o bem alguns

para lutar pelos interesses

presariais, interesses de pessoas e corporações que, mesmo já tendo muito, não cansam de querer ter mais. Coisa de ser humano, ele reconhecia. Ao mesmo tempo, uma lei interna regia seu ofício: a cada empresa ou empresário que contratava os seus serviços, ele mesmo se disponibilizava – gratuitamente – a defender casos considerados menores ou mesmo ridículos.

Talvez fosse a atmosfera daquele dia ou o calor que não se dissipava nem mesmo com o ar-condicionado. Talvez por conta da cartela de ovos estacionada sobre a sua mesa como um lembrete da profunda gratidão que seus gestos provocavam. Ou era coisa de sua idade. Um homem de quarenta e poucos anos no auge do sucesso. Fosse o que fosse, estava emotivo, ansioso talvez. Sua mãe continuava dançando em seus pensamentos como um mistério inacessível. Pelo menos hoje tenho terapia, pensava.

– Você está fazendo o que precisa ser feito – disse a si mesmo, em voz baixíssima, mas enfática.

A porta de sua sala se abriu. Ela e seus cabelos finos e avermelhados entraram lentamente como se brincassem com o desassossego do homem atrás da mesa lustrada.

– O senhor me daria a honra de um almoço? – perguntou ela.

– Oi, moça... – disse ele, meio aéreo.

– Ou o chefe não pode dar ordens ao chefe para autorizar o chefe a sair da sala do chefe para almoçar comigo? – riu ela, provocativa.

Ele largou a pesada caneta sobre a mesa, ergueu-se animado e vestiu o terno. Ela avançou até ele movida por um sorriso lindo e leve.

de corporações que
não cansam de querer ter mais
Ao mesmo tempo
a cada empresa
eu
gratuitamente defend o os menores

Talvez
por conta da cartela de ovos
profunda gratidão
Um homem de
quarenta e poucos anos auge do sucesso
emotivo

hoje tenho terapia

A porta cabelos
avermelhados entra m

O senhor me daria a honra de um almoço

Ou o chefe não pode auto
rizar o chefe a sair para almoçar comigo
ela provoca
largo a pesada caneta
animado Ela avanç até

– Deixa eu arrumar esse negócio direito – disse ela, e ajustando o terno nele, perguntou: – Por que essa gravata tão pomposa, moço?

– Ora... Tenho feito essa pergunta faz décadas... – disse ele, e estalou os beiços.

Ela riu. Ele também. Os dois riram durante um pequeno e longo segundo. Não era mais a gravata sufocando o seu pescoço que sustentava tanto sorriso. Era o meio do caminho entre uma boca e outra. Era tudo aquilo que nem era tão visível assim, mas que, dentro dele, agia feito uma lava vulcânica, uma força lenta e destruidora que só parecia se mover por um único motivo: para cimentar qualquer buraco que houvesse pelo caminho.

Frente a frente, já no ar condicionado do restaurante escolhido por ela, eles se miraram num encantamento quase adolescente. Não era porque faltasse força, não porque as palavras tivessem subitamente desaparecido. Era só que parecia mesmo intimidante passar por aquilo de novo e outra vez. Quantas vezes, numa única vida, é possível estar tão apaixonado por outro alguém?

Sobre a mesa, duas taças com água gasosa e outras duas com vinho seco e tinto. Ela esticou as duas mãos em direção a ele, mas as estacionou no ar, exatamente entre eles.

– Está vendo? – perguntou ela.

– Nunca vi suas unhas sem esmalte... – respondeu ele.

– Não, não é isso. Olha com calma. As minhas mãos...

– Estão tremendo... – ele ergueu o rosto. – É isso?

– É. E você sabe por quê? – indagou ela.

– Não sou bom nisso de adivinhar... – disse ele, já começando a tremer.

Por que essa gravata
pomposa
Ora Tenho feito essa pergunta faz décadas

Ela riu também ri

tanto sorriso o
caminho entre uma boca e outra
dentro uma
lava vulcânica força destruidora

ar condicionado restaurante es
colhido por ela encantamento
adolescente Não não
Era só que

Quantas vezes numa vida é possível estar
apaixonado por alguém
duas gasosa outras
duas vinho seco tinto Ela esticou as mãos

Está vendo

Olha com calma minhas mãos
tremendo
por quê
Não sou bom de adivinhar disse ele

– Porque estou apaixonada por você – afirmou ela, delicada, certa de que o melhor a ser feito, naquele momento, era apenas ser radicalmente honesta.

Ele teria dito que não. Que não estava no momento certo. Teria dito, sem dúvida, como tantas vezes já havia feito, que precisava de um tempo sozinho para se encontrar, se entender, se organizar, ou qualquer desculpa parecida. Teria dito respostas inventadas por um medo ancestral que ele carregava consigo. Medo de se permitir ser amado por quem ele realmente era. E ela ali, respirando o tempo presente porque ciente de que nada existia a não ser aquele acontecimento entre eles: ela, o tempo e ele, aquele homem à sua frente.

Entre goles e mastigações, ele se perderia no que havia dito ou feito em situações anteriores como aquela. Todas elas voltaram, subitamente. As paixões que ele deixou morrer simplesmente porque exigiu delas aquilo que exigia de si enquanto advogado: uma linha reta e certeira com um objetivo predeterminado, que era vencer. Só que ali, naquele restaurante, frente à mulher ruiva que docemente o encarava, era determinante que ele se permitisse perder, ficar besta e confuso, levitando na neblina daquele encontro tão fundo e convidativo.

Por isso ele sustentou os olhos nos olhos dela. Com algum esforço, é verdade. Por breves segundos, assim permaneceram. Um sustentado no olhar do outro. E entre os olhos, uma umidade brilhante se anunciava. Ele esticou as duas mãos em direção às mãos dela e, juntando o seu tímido tremor ao evidente tremor dela, sem nada dizer, ele fez que sim com a cabeça.

Sim. Apenas sim. De fato, nada precisava ser dito. Suas bocas foram ocupadas pela mastigação da suculenta massa,

Porque estou apaixonada por você ela
certa que momento

o momento cer
to Teria dito
que precisava de um tempo
ou qualquer desculpa parecida
medo ancestral
de ser amado
respira o tempo presente

ela
goles e mastigações

e As paixões que deixo
morrer simplesmente porque exig e aquilo exig
e
e que ali
frente à ruiva
era determinante perder ficar
besta confuso levitando n aquele encontro
convidativo
sustento os olhos n ela
algum esforço
os
olhos
em direção à ela

sim
Apenas sim dito
suculent

pelo saborear do vinho, e nada mais precisava ser dito. Em sua cabeça, no entanto, quase um incômodo por sentir-se feliz. Lutava para não antecipar o futuro que ali brotava. Não queria se permitir sonhar com casa e casamento, nem com criança ou cachorro. Ela estava ali, à sua frente, e isso precisava bastar. Mas não bastava.

Queria ter dito que sim. Sim! É isso. É bem isso o que estou sentindo. Não que eu entenda o que está acontecendo entre nós dois, mas é isso, é bem isso mesmo o que estou sentindo. Um calor bom, um calorzinho gostoso, uma força que vem de dentro e que escapa, radiante, por todos os lados. Teria dito mais. Diria, com certeza, que é lindo ouvir de alguém o quanto a gente é lindo para alguém. Que fazia muito bem ter ela ao lado. Que é gostoso o seu riso, ele é gostoso mesmo, e também o vento nos seus cabelos vermelhos, a forma estranha e delicada como a sua pele muda de cor sempre que você se movimenta. Teria dito que você é linda, por inteiro, tão direta, tão cuidadosa, tão de repente você me lembra uma tarde que nunca vivi e que, no entanto, nunca terminou. Uma roda-gigante bem gigantesca, você me faz lembrar o pisca-pisca que apagou lá na infância, o algodão-doce, as festas e as músicas, você me confirma que o melhor de uma vida é que ela pode ser.

E ela ainda mastigando. Eventualmente, lançando mais queijo ralado sobre a massa fumegante. Seu batom, de leve, marcava a taça cristalina a cada gole dado. Nele, o desejo intenso de que o tempo apenas ficasse. Nem bem que parasse, mas que ficasse, que chegasse bem rente à pele e ali deitasse sem trabalho para o dia seguinte. Era isso o que ele sentia quando ficava assim tão próximo a ela: que estava de férias. Era isso, estranhamente, o que ele há anos o ma s

um incômodo por sentir

se feliz

Ela

basta

sim Sim É isso

estou sentindo

é isso mesmo

estou sentindo calorzinho gostoso

que vem de dentro

e é lindo

a gente é lindo

é gostoso seu riso

o vento nos seus cabe-

los vermelhos sua pele

você

você é linda

lembra uma tarde que nunca vivi e que

nunca terminou roda gigante gigan

tesca

você me

confirma que o melhor d a vida é

queijo ralado sobre massa fumegante

dese

jo intenso fica

Era isso o

que sentia quando tão próximo a ela

procurava sentir. E ela, limpando a boca no guardanapo, havia possibilitado esse fato.

– É fato! – disse ele, repentino, sujando os lábios com o molho branco.

– O quê? – perguntou ela, fingindo não ter curiosidade.

– É fato que... – ele decidiu falar. – Que eu também estou assim meio que totalmente apaixonado por você – e baixou a cabeça, bobo.

– Por mim? – provocou ela, outra vez.

– É. Por você. Por isso aqui entre você e eu... – disse ele, tentando descrever.

Ela sorriu, depois ergueu o braço sobre os pratos e avançou a mão até o queixo dele. Sentindo a barba fina dele, quase invisível, ela o apertou como quem quisesse esmagá-lo.

– Vou te morder todinho... – sentenciou ela, olhando para os lados como se tivesse dito uma obscenidade.

– Minha mãe está lá em casa... – entregou-se ele, rindo.

– Sorte que eu trabalho num dos maiores escritórios desta cidade e ganho dinheiro suficiente para ter um quarto e uma banheira disponíveis para aquilo que eu quiser fazer neles – disse ela, e balançou a cabeça, também boba.

– E o que eu digo a ela, hein? – ele quis saber.

– Mente, é mais fácil. Diga que você precisa sair com os amigos da faculdade. Fale para a sua mãe que para ser um homem de verdade você precisa sair uma vez por semana para entornar cerveja goela abaixo e falar mal das mulheres e de suas celulites – disse ela e riu, sinceramente envergonhada. – Que bobeira isso. Não importa. Independentemente das suas desculpas, hoje à noite eu realmente vou te morder por inteiro. E repetidas vezes. E lá em casa.

É fato   também
estou assim   apaixonado por você

Vou te morder todinho   ela

e l a

e   l   a

hein?
Diga
para   sua mãe que

Indepen
dente   das suas desculpas hoje à noite
vou te morder   inteiro   repetidas vezes E lá em casa

Ele riu. Ela também. Os dois riram durante um pequeno e precioso tempo que ficaria gravado nele como uma espécie de aconchego que poderia ser acessado sempre que ele se sentisse sozinho demais.

Quando ela se despediu, dando-lhe um beijo úmido e demorado, já sob o interminável sol daquela tarde, a terceira coisa que ele fez foi pegar o telefone em seu bolso. A primeira, no entanto, foi sorrir. Depois, foi vê-la cruzar a rua, retirando da pequena bolsa um cigarro e voltando ao escritório.

Ao telefone, aguardou que sua mãe o atendesse. Ligou novamente.

– Tudo certo, mãezinha? – disse ele, preocupado.

Ela não respondeu.

– Mãe?...

– Estou atarefada... – disse ela, evasiva.

– Não precisa fazer uma janta tão espetacular assim, ouviu?

– Resolvo a janta quando chegar no seu apartamento.

– Mas a senhora está onde? – perguntou ele, desconfiado.

– Vim visitar um amigo... – disse ela, um pouco irritada.

– Que amigo, mãe?

– Nos vemos mais tarde, filho.

Ela desligou o telefone. Mais à noite ele conseguiria falar com ela. Olhou o relógio em seu pulso. Tudo em seu devido lugar. Mirou a rua e o sinal estava aberto para os pedestres. Atravessou a faixa arrancando com a língua um pedaço de queijo preso entre os dentes.

Depois

e l a volta ao escri

tório

mãe

Tudo certo

não respondeu

Mãe

Estou atarefada

Não precisa fazer uma janta tão espetacular assim

viu

mãe

Ela desligou o telefone

Capítulo 4

Curiosamente, nunca aprendera a jogar xadrez. Era reconhecidamente um ser dotado de inteligência para além do comum. Ainda assim, estranhamente, não sabia jogar xadrez. "Eis uma situação inédita em sua vida", pensou. "Diferentemente de outras, talvez nessa você não possa vencer." Sorriu, surpreso com a própria audácia contra si mesmo, enquanto sua terapeuta, em frente a ele, o observava com calma e em profundeza.

Era mesmo como num jogo de xadrez. Uma vez por semana. Dois conhecidos, não tão íntimos assim, sentados frente a frente. Entre os dois um breve espaço e longos minutos preenchidos por silêncio. Quando um cruzava as pernas, o outro descruzava. Talvez já existisse entre eles um pacto implícito: não podiam simplesmente concordar um com o outro.

Após um longo silêncio, ele comprimiu os olhos, como se tivesse dúvida sobre quem deveria dar o próximo lance. Mas ele sabia. Era ela, nutrindo-se naquela calmaria sem fim, quem, subitamente, desaguaria sobre ele uma pergunta

4

Era reco
nhecidamente um ser dotado de inteligência para além
do comum Ainda assim

talvez você não possa
vencer

sentados
frente a frente longos mi
nutos

não podiam simplesmente concordar um com o
outro

Era ela
quem desaguaria sobre ele uma pergunta

inconvenientemente apavorante e necessária. Ele estalou o pescoço, desconfortável com aquelas longas durações. Naquele jogo, seu contorno de homem branco vencedor tremia como uma folha magra segurando-se a um tronco seco em plena ventania.

– Considerando o nosso percurso até o dia de hoje, sinto que algumas de suas falas não têm a efetiva necessidade – disse a terapeuta, mantendo os olhos fixos nele. – Você não é o tipo de homem que menospreza a própria inteligência, disso já sabemos. Então, se não é o caso de se diminuir, essas coisas que você me diz não estariam, ao contrário, tentando me diminuir? Não estariam fazendo pouco caso da minha inteligência? – Ele permaneceu mudo, respirando apertado para não se expor mais do que a súbita exposição que ela tinha acabado de lhe provocar.

Ela se ergueu de sua poltrona. Usava uma saia preta que acabava bem acima dos joelhos. Ao se erguer, suas mãos escorregaram coxas abaixo como se a tivessem limpado de um mal-estar que precisasse ser urgentemente exterminado. De pé, caminhando lentamente pelo consultório, parou e voltou a se movimentar sucessivas vezes. Ele, ainda no divã, manteve o olhar inerte, acompanhando os deslocamentos da terapeuta pelo som dos sapatos no piso encerado de madeira escura.

Finalmente parada e, ainda de pé, ela fez outro lance.

– Quando te pergunto quem você acha que foi durante toda a sua vida, não quero saber quem você se tornou, mas, ao contrário, quem você deixou de ser para se transformar nesse homem óbvio que você é já faz tanto tempo – disse a terapeuta, voltando a sentar-se frente a ele. – As suas defesas não te fazem mais forte. Perceba: elas apenas manifesinconveniente

seu contorno de homem branco vencedor tremia

Você não é o tipo de homem que menospreza a própria inteligência

Ela se ergueu de sua poltrona saia preta

mãos coxas abaixo

Ele

divã

piso

encerado de madeira escura

Quando te pergunto quem você acha que foi durante toda a sua vida não quero saber quem você se tornou mas quem você deixou de ser para se transformar nesse homem óbvio que você é já faz tanto tempo tam que você se defende porque não consegue mais atacar. E essa é a questão que precisamos trabalhar – disse ela, juntando uma das mãos à outra e avançando levemente o rosto na direção dele. – Atacar não é algo ruim. Agressividade não tem a ver com violência, já conversamos muito sobre isso. A sua agressividade está completamente... – ela vira o rosto à esquerda, à procura da palavra exata – completamente apaziguada, parece ter virado um hábito: esse mesmo refrão de homem que venceu na vida, mas que está separado de si mesmo, homem que é estrangeiro aos seus desejos mais primitivos – interrompeu-se, fingindo arrependimento. – Por favor, se dê o direito de ser honesto – e sublinhou a terapeuta –, radicalmente honesto desta vez, se possível.

E então ele sorriu, não como quem zomba, mas como quem descobre, abruptamente, uma possibilidade inédita sobre si mesmo. Ele não era assim tão óbvio como ela dizia. Ele sabia disso. E sabia, também, que disso ela sabia. Sentia que tinha em si alguma disponibilidade capaz de fazê-lo experimentar outra coisa, outro ponto de vista sobre si mesmo. Estava há um ano se encontrando semanalmente com aquela mulher para sessões de terapia.

Achava-se honesto. Mas talvez, talvez ela tivesse razão, talvez ele fosse alguém essencialmente mais orgulhoso do que honesto. "O orgulho emagrece a honestidade", ponderou. Era isso. Era como se as peças do jogo tivessem delicadamente tombado sobre a mesa. Os jogadores, antes rivais, perceberam que podiam se divertir tarde adentro, porém, a partir daquele instante, sem tabuleiro ou regras fixas. Então ele disse a ela aquilo que, repentinamente, lhe veio à cabeça.

– Uma lembrança, talvez, me veio agora, sem dúvida, algo muito intuitivo. Não sei por que me veio, mas duran-

E essa é a questão

Atacar não é algo ruim Agressividade não tem a ver com violência

A sua agressividade está completamente

apaziguada

Por favor se dê o direito de ser e sublinhou

radicalmente honesto

Achava se honesto Mas

O orgulho emagrece a honestidade ponderou

repentinamente

Uma lembrança

Não sei me veio

te a minha infância e adolescência sempre tive festa de aniversário. Festas. Muitas. Coisa da minha mãe – seu rosto estava um tanto iluminado. – Quando tento lembrar de cada uma delas, percebo que todas eram da mesma cor, todas excessivamente amarelas. Não sei por que isso me veio agora, mas é a coisa mais radicalmente honesta que posso te dizer.

Então foi a vez de a terapeuta sorrir. Ela sorriu e ele continuou falando, como se as palavras tivessem, repentinamente, reconquistado a sua força desbravadora, a sua capacidade de revelar o que estava soterrado sob tantas certezas. Como ele, também ela se percebeu intrigada. Não propriamente com as festas amarelas, mas com aquilo que tal repetição cromática poderia ter provocado na sensibilidade daquela criança hoje um homem tão sem cor, tão pálido e orgulhosamente apenas branco.

– Não posso dizer que era a minha cor favorita – confessou ele. – Sempre fui ruim com essas coisas de eleger o melhor amigo, os melhores filmes ou livros. Não tenho cor preferida e, honestamente, hoje, o que devo ter de amarelo deve ser uma espátula na cozinha, um pegador de sorvete qualquer – seus olhos também sorriam. – Mas dava uma sensação boa, disso me lembro, aquela sensação de fazer parte de um pequeno momento oferecido aos outros com o objetivo de celebrar, de fazer festa, de estar em alegria – interrompeu-se, como se compreendesse algo mais sobre si. – Quem eu era, quem fui, agora percebo, quem eu deixei de ser, talvez tenha ficado lá atrás, ali, numa daquelas festas – disse ele, e pousou, levemente, as mãos sobre os cabelos claros e finos.

Ela continuou o movimento dele, estratégica.

sempre tive festa de
aniversário

todas da mesma cor
excessivamente amarelas

a terapeuta sorriu

honestamente hoje
amarelo uma espátula na cozinha um pegador
de sorvete qualquer
aquela sensa
ção
celebrar fazer festa estar
em alegria
Quem eu era quem fui agora perce
bo
levemente
as mãos sobre os cabelos claros

– E você tem fotos dessas festas?

– Fotos, não. Quando me mudei para cá, minha mãe continuou morando no interior. Mas a casa em que nasci, certa vez, inundou. Uma barragem que se rompeu, minha mãe perdeu tudo, roupas, móveis, a casa e, claro, as memórias que... – Um árido silêncio subitamente rendeu o seu fôlego, seus olhos se fecharam com força e sua pele esfriou.

– O que foi? – perguntou ela.

– Minha mãe – ele se ergueu bruscamente do divã – foi atropelada – disse ele, pegando os sapatos e calçando-os com urgência. A terapeuta também se ergueu, visivelmente apreensiva.

– Você diz naquela época? Sua mãe foi atropelada naquela época? – ela o perguntou, tentando permanecer o mais próximo a ele, que transpirava a ponto de encharcar a própria face.

– Ela acabou de ser atropelada – disse ele, e avançou até a porta do consultório.

– Por favor, espere – ela o segurou. – O que aconteceu?

Ele então se aproximou dela, que soltou os dedos de seu braço. O homem à sua frente respirava acelerada e ruidosamente. Sua testa branca estava fria e dela escorriam densas gotas de suor, apesar do ar-condicionado ligado. Ela o mirou em profundidade e percebeu algo inusitado: ao redor dos olhos dele, um pequeno inchaço se formava. E não só isso.

– Eu apenas sinto – disse ele, muito de perto.

E havia uma angústia em sua fala, ela percebeu.

– Eu sinto – confirmou ele.

– Você sente que ela acabou de ser atropelada? Neste exato momento? Mas onde? – ela perguntou, exasperando-se. – Como?

O que foi perguntou ela

Minha mãe foi
atropelada

Ela acabou de ser atropelada

Eu apenas sinto

Eu sinto

N

o

– E ela está morrendo – disse ele, saindo do consultório em direção à escadaria do prédio.

A porta da sala permaneceu aberta. Após um tempo inerte, a terapeuta voltou à mesinha ao lado de sua poltrona, pegou um pequeno caderno e nele anotou o evidente: a dor modificava o humor dele. Ainda um tanto perplexa, ela disse a si mesma aquilo que fazia de seu paciente tudo, menos um homem óbvio: a dor parece mudar também a sua cor.

Aproximou-se da janela e moveu a cortina pesada e cinzenta. Do alto do 30º andar, vasculhando com o olhar as ruas daquela cidade imensa, ela, sua terapeuta, procurava em vão por aquele homem que, bruscamente, corria à procura de sua mãe atropelada.

c

e

n t

r o

d e s

s a

cidade imensa ela

atropelada

Capítulo 5

Tudo provisoriamente sem carne ou alma. Subitamente, tudo sobrevivendo apenas num contorno tremido, tudo meio sem fundo, tudo meio oco, quase nada com seu íntimo visível. Automóveis, bancas de jornal, calçadas e asfalto, postes e latas de lixo. Também crianças, velhos e velhas, saias e ternos, pernas, pés e mendigos. Tudo assim sem nada, apenas feito paisagem, tudo em passagem, quase tudo sem pulso ou ritmo. A vida, momentaneamente, perdida dos trilhos, subitamente emudecida e sem viço. Tudo ou quase tudo numa lenta, pegajosa e viciada coreografia urbana.

No centro desse palco, um homem trancafiado num terno passa velozmente. Tem a testa suada, o corpo vazando. O homem branco de vestes pretas passa correndo. Seus braços perfuram o vento, seu nariz fareja por sua mãe, que, pouco a pouco, morre. Ele sabe. Ele sente. Por isso corre. E passam por ele esquinas e praças. Por ele passam pessoas sem rosto. E ele não para. Ele apenas segue, movido por um instinto precário e absolutamente preciso.

5

Tudo
tudo   tremido tudo
tudo meio oco
Automóveis bancas de jornal calçadas asfal
to   crianças velhos velhas
saias ternos   mendigos Tudo
tudo em passagem

Tudo
tudo numa lenta   e viciada coreografia
urbana
No centro desse palco   e   u
pass   o
correndo

movido por um
instinto precário e absolutamente preciso

Em frente a um complexo hospitalar de cor esverdeada, após cruzar uma rua povoada por numerosos carros, ele finalmente para. Ela está ali dentro. Ele sabe. Ele sente. Seu peito pulsava numa velocidade descontrolada. Ele passou uma das mãos sobre o rosto, limpando o suor, depois tirou o paletó e o abandonou, discretamente, sobre uma lixeira presa a um poste.

Entrou no hospital cabisbaixo. Ainda guiado por um senso estranho a si mesmo, caminhou por corredores fingindo estar no próprio escritório ou mesmo em sua casa. Sem chamar muita atenção, vasculhou com a vista quartos e salas, acenando eventualmente para médicas e enfermeiras e cumprimentando um segurança parado bem próximo à emergência. Ela não estava ali.

Entrou num pequeno banheiro e trancou a porta. Sem respostas. Já por longos minutos sentia-se rendido. No reflexo do espelho, ao redor dos olhos cansados, ainda que não percebesse, era possível ver um estranho inchaço já formado. Lavou o rosto com a água fria. Ensaboou as mãos buscando se distrair do sentido que, repentinamente, passou a orientar sua vida. Por que você sente que ela está aqui? Por que sabe que ela foi atropelada?

"O que está acontecendo?", perguntou a si mesmo, com persistência e muita calma. "O que está acontecendo com você?"

Ele sentia, mas nem tudo sabia. Não ainda. Sua imagem no espelho do banheiro não poderia lhe revelar o que aconteceria em seguida. Ainda assim, seu desconforto era físico e antecipava o estrago. Pulsando numa velocidade ansiosa, estranhamente acelerada, continuava a se olhar no espelho, mas não enxergava nada. Olhava-se privado de olhos que o

Ela está ali dentro

limp o o ´suor depois

o paletó abandono sobre a li

xeira presa a um poste

Entro no hospital

caminho por corredores

vasculho quartos

acen o para médicas enfermeiras

um segurança parado bem próximo à

emergência

Entro num banheiro tranco a porta

No

espelho ao redor dos olhos

um estranho inchaço

Lavo o rosto Ensaboo as mãos

Por que você sente

Por que sabe que ela foi atropelada

O que está acontecendo

com você

desconforto físico

uma velocidade

estranha acelerada

não enxerg o

fizessem ver o que lhe acontecia por dentro, bem lá no dentro onde nascia a certeza incoerente de que sua mãe estava morrendo naquele minuto arrastado.

Fechou os olhos sentindo-se ridículo. Fragilmente ridículo. Como era possível? Por que você cismou com isso? Ele se questionava incessantemente e, mesmo assim, dentro dele, uma força gigantesca queria que ele atravessasse paredes, destruísse prédios inteiros, interrompesse o fluxo das avenidas, parasse todas as máquinas deste mundo. Aquela força que já lhe era tão íntima, tão forte e viva, o movimentava mesmo sem ter um sentido evidente.

– Ela está aqui. Eu sinto. Eu sei.

Saiu do banheiro e voltou ao corredor. Caminhava mais lento, ora com olhos abertos, ora com a vista toda voltada para aquilo que sentia. Parou em frente a uma porta que dava acesso a uma área exclusiva para funcionários do hospital. Era aquela porta que o separava de sua maior e mais antiga ignorância: saber quem, de fato, ele era. Cruzou tal porta, deu mais alguns passos e, finalmente, estacou em frente à última porta. Era ali. Era ali dentro onde sua mãe estava. Pousou a mão trêmula sobre a maçaneta e, no exato instante em que a girou, uma médica saiu do quarto e parou em frente a ele.

– Com licença, senhor – disse a médica, fechando a porta delicadamente, posicionando-se em frente à maçaneta. – O acesso aos quartos não é permitido para pessoas...

– Minha mãe – interrompeu ele, tentando não parecer tão desamparado.

– Quem, senhor? – perguntou a médica, desconfiada.

– A mulher que está aí dentro. A que foi atropelada. É minha mãe – disse ele, esticando uma das mãos em direção à porta do quarto.

o que acontec e den
tro

Fecho os olhos Fragil ridículo
Por que cê cismou com isso

Ela está aqui Eu sinto Eu sei
volto ao corredor

Paro em frente a uma porta
exclusiva para funcionários

Cruzo a
porta mais alguns passos a
última porta
mão trêmula sobre a maçaneta
uma médica sai

Com licença senhor

O acesso aos quartos não é permitido

A mulher aí dentro atropelada É
minha mãe

– Um instante, senhor – disse a médica, afastando o homem da maçaneta. – O senhor presenciou o acidente dela?

– Preciso entrar – disse ele, e ágil, voltou a esticar o braço até a porta.

– Senhor, eu pedi que esperasse! – disse a médica, delicadamente o empurrando para trás. – E lhe fiz uma pergunta. Por favor, me responda. O senhor presenciou o acidente dessa mulher?

E não havia mais nada que pudesse ser feito. Não havia meios reais para que ele chegasse até sua mãe. Também não haveria calma ou cuidado possíveis. Não havia tempo. Para ele, àquela altura, nem sequer as leis serviriam.

Apoiou as mãos sobre os cabelos confusos. Seus olhos, forçosamente comprimidos, davam ao seu rosto uma feição grosseira e arisca. Se era ódio o que sentia ou apenas desespero, não importava. Era sua ignorância que ditaria o caminho. Ele mesmo não entendia nada, não entendia como chegou até ali nem de onde vinha aquela coragem abusada que o movia.

De súbito, avançou sobre a mulher e a comprimiu entre o seu próprio corpo e a porta do quarto. Bem próximo ao rosto dela, sendo autor declarado de uma evidente situação abusiva, ele disse a ela lenta e enfaticamente:

– Não sei o que aconteceu, por qual motivo estou aqui e nem por que estou te espremendo contra essa porta – disse ele, e virou bruscamente o rosto em direção ao corredor, favoravelmente sem movimento. – Ela é minha mãe, está morrendo, eu vou entrar nesse quarto agora e você pode chamar os seguranças... – disse ele, e deslizou a mão sobre a maçaneta, retirando seu peso de cima do corpo da médica e deixando-a do lado de fora do quarto.

Sobre uma cama hospitalar, sua mãe o esperava. Olhos atentos nele, pele completamente exposta a dela, excessi-

O senhor presenciou o acidente dela

não Não

não Não havia tempo

não importava

avanço sobre a mulher

Bem próximo a

ela

Não sei o que aconteceu

nem por que te esprem o contra essa porta

minha mãe

tá morrendo vou entrar nesse quarto e você

chama os seguranças

fora

Sobre uma cama hospitalar

ela

vamente vermelha, integralmente ralada ou queimada. Suas pernas já não pareciam estar inteiras, nem mesmo era possível encontrar um de seus braços. Ela inteira era praticamente um peito que, artificialmente, em tempos repetitivos e maquinados, enchia e esvaziava.

Olhos atentos nele. Com dolorosa lentidão, tão logo o viu entrar no quarto, a mulher na beirada da morte piscou um dos olhos para seu filho. Ele se aproximou dela, tateando o ar sem encontrar pouso para suas mãos. Era ela. Ele sabia. Era ela morrendo. Ele sentia. Muito. Sentia uma raiva hedionda. Um sufocamento que lhe vinha de dentro e queimava cada centímetro de sua pele descolorada. Uma queimação, um esquentamento, coisa sem nome.

– Mãe... – disse ele, após pousar as mãos sobre os cabelos mexidos.

– Você não veio de mim, meu filho. – A mãe o presenteou com essa revelação.

– Demorei a te encontrar... – ele falou, ignorante de todo o resto.

– Você não veio branco, filho – disse a mãe, calmamente.

Sua feição exalava um alívio inapropriado à situação em que ela estava.

– Você não é daqui – disse a mãe, se interrompendo, como se as palavras que finalmente dizia a ele lhe rasgassem o corpo de uma maneira irreparável.

– Não fala nada, não diz nada, não faz força! – ele a pedia, descontrolado. – Fica quietinha! Quieta. Estou aqui, mãe. Estou aqui com a senhora.

Mas ela não se calaria. Não outra vez. Não mais. Era aquele o seu momento, o único e o primeiro. Era o instante preciso para deixar que saísse de si tudo aquilo que ela, du-

ralada queimada Suas
pernas não pareciam inteiras nem era pos
sível encontrar um braço Ela
um peito que artificialmente
enchia e esvaziava

na beirada da morte piscou
um olho

senti Senti uma
raiva Um sufocamento
Uma
queimação um esquentamento coisa sem nome
Mãe

Você não veio de mim meu filho
essa revelação

Você não veio branco filho

Você não é daqui

Não não não
pedi descontrolado Fica quietinha Estou aqui
mãe Estou com a senhora
Mas ela não calaria Era
o seu momento único e
preciso para deixar que saísse

rante toda uma vida, havia escondido dele, seu filho bastardo, seu filho – e ela sabia disso – alienígena.

– Não veio de mim. Você não veio branco. Não é daqui e, apesar da escuridão... – dizia a mãe, como se cada letra de cada palavra dita fosse uma gota que, logo após ser lançada, subitamente evaporava. – Apesar de tudo, você, amarelo, filho... Amarelinho... Lindo...

A porta do quarto foi bruscamente aberta por dois homens vestidos de preto e empunhando cassetetes lustrados. Eles avançaram sobre o homem que homem nunca havia sido e o revistaram com agilidade e força, tentando carregar seu corpo em direção à saída do quarto.

Ele, feito pedra, não cedia. Quanto mais pressão faziam sobre ele, em correspondente intensidade ele respondia. Aquela força, antes escondida num interior desconhecido, agora parecia irradiar por todo o seu corpo, fazendo com que ele retornasse à mulher sobre a maca sempre que o distanciavam dela.

E então vieram os gritos, as palavras de ordem, os baques sonoros dos corpos contra o mobiliário do quarto. Seria tudo em vão. Dois homens tentando controlar outro homem bruscamente arrancado do sentido de toda a sua vida.

– Ela é minha mãe! – ele gritava, soltando-se dos braços que, novamente, o envolviam e prendiam. – Minha mãe! – gritava o advogado, desumano, socando com gigantesca força as mãos e os braços que o tentavam controlar.

Sobre a maca, olhos ainda atentos nele, sua mãe o contemplava. Olhos espantados. Olhos que, por fim, confirmavam aquilo que, por décadas, ela havia tentado esconder. Era o passado dela, imperfeito, ganhando finalmente a cor e o seu contorno original.

a vida ele eu bastar
do alienígena
Não veio de mim não veio branco Não é daqui
e

Apesar de tudo você ama
relo filho Amarelinho Lindo
A porta do quarto foi aberta por ho
mens cassetetes lustrados

não cedi Quanto mais pressão
em correspondente intensidade respondi

gritos palavras de ordem ba
ques
em vão Dois homens tentando controlar outro ho
mem bruscamente arrancado do sentido
Ela é minha mãe
Minha
mãe grit o desumano

Sobre a maca el a
Olhos espantados
décadas
o passado

– Lute, filho. Seja quem quiser – dizia a mãe baixinho, como se rezasse a um Deus ínfimo e íntimo. – Vão te judiar e te trancar, vão te bater, mas lute, meu filho. Seja a sua própria força.

Ela fechou os olhos. Seu passado retornava ao ponto em que tudo começou. O antes era agora pintado por uma sonoridade insana e violenta. Ela deitada na maca, outrora mais jovem, abandonada sobre o terreno de terra. O ventre rachado, o filho recém-pisoteado e já enterrado. O cordão umbilical saindo da terra como se perguntasse quem gerava quem neste universo. O céu quase vermelho por tanta dor. Ela em um sono profundo, quase de pedra.

– Meu filho... – ela dizia para si mesma, entreouvindo socos, baques e gritos.

A luz da manhã nascendo de novo. O sol e um peso sobre o peito dela. Um peso que se movia, que se acomodava desajeitado sobre os seios dela, pingando um leite quente e branco. O peso era uma massa disforme, com calor vívido e que pulsava. Um par de olhos, eram olhos desde o início, ela revendo tudo outra vez. Um rosto de coloração amarela, quase ouro. Dele saiam ruídos, uma espécie de saudação ilegível, talvez um pedido de ajuda ou apenas um agradecimento. E dessa massa amarela e viva, como um embrulho que por muito tempo esteve guardado e amassado, pouco a pouco foram se soltando os laços que virariam longos e finos braços na ponta dos quais brotariam dedos finos e fortes, tudo amarelado.

– Meu filho... – repetia a mãe, sentindo a mesma sensação do passado.

O nascimento de uma flor ainda não conhecida. Uma flor ausente de nome e provedora de uma sensação que

agora pintado por uma
sonoridade insana e violenta Ela
mais jovem sobre o terreno de terra O ventre
rachado o filho recém pisoteado enterrado O cordão
umbilical n a terra
este universo O céu vermelho por tanta
dor
Meu filho ela dizia entre
socos baques gritos
de novo um peso so-
bre o peito dela
os seios pingando leite quente
e branco O peso era
e u desde o início
coloração amarela

massa amarela
amassado

amarelado
Meu filho repetia

e

palavra alguma conseguiria dizer. Um presente dos céus. O tudo e o nada reunidos. Uma maldição e um destino.

Ele socava os seguranças que, quanto mais o tentavam controlar, mais o faziam perder o contorno. No rosto dos homens de cassetete, um horror crescente se instalava. Se antes batiam no advogado para controlá-lo, agora o espancavam porque tinham medo daquilo que ele se tornava. Ali em frente a eles, ali naquele quarto de hospital aos pés de uma mulher parcialmente mutilada, ali ele, feito um bicho se despindo de sua falsa humanidade.

Um vulto amarelo pintava o ar do quarto. E quanto mais era surrado e apanhava, mais amarelo ele ficava. Sustentado por forças de outros tempos e espaços, destemido porque já amigo da morte, de alguma morte, enfim, o homem que homem nunca havia sido se tornava ainda mais indescritível.

Olhos atentos nele e em seu intempestivo movimento. Ela presa no antes que só naquele instante parecia se completar. Ela moldando o rosto da criatura a dedos com unhas quebradas. Moldando o seu pequeno bicho cor de sol, a curva de suas coxas, a fibra de seus braços, a palma das mãos e a delicadeza de cada traço. Grãos de terra que virariam pintas escuras. Ela moldando o peito, corpulento e firme. Ela, mãe que mãe não tinha conseguido ser, distribuindo o peso e a leveza, fazendo do barro amarelo o gérmen para um amanhã resistente.

A morte de um filho. O fim de tantos futuros. O começo de algo quase mínimo, um suspiro gripado, mas sonoro e vivo. Não era ela quem morria naquele hospital. Era ele quem queimava uma pele para renascer em outra.

Até que uma forte pancada o acertou na lateral da cabeça. Súbita e certeira. Despencando ao chão, ele flagrou e u

socava

o rosto dos ho
mens de cassetete horror crescente
espan
cavam porque tinham medo

E quanto mais
surra mais amarelo ficava

mais indescritível

Ela no antes
moldando o rosto
bicho cor de
sol coxas braços palma
s mãos cada traço
Ela moldando o peito

peso e leveza fazendo do barro amarelo
e u resistente
um filho

vivo Não era ela quem morria naquele hospital Era
e u
é uma forte pancada na lateral da ca
beça e chão

sua mãe fechando os olhos. Não que tivesse morrido, ele queria acreditar. Não que tivesse partido, assim ele desejava. Era ela, sem mãos ou braços, de olhos, sim, fechados, mas emanando de sua escassa força um vento fino e precariamente sagrado.

Um sopro. Foi isso. O último afago entre os dois logo antes que ele chocasse a cabeça no chão e desacordasse. Suas bocas entreabertas. A face dela vermelha, a dele já completamente amarela. Um silêncio tremido. O sopro dela vagando pelo ar até, enfim, pousar sobre o filho. Um sopro, um instante. A vida, provisória, morrendo e nascendo num mesmo e único tempo.

e

silêncio

Um sopro

um instante A vida morrendo nasce

Capítulo 6

Abriu os olhos. Uma agitação tomava o seu corpo por inteiro. Era como se tivesse acordado antes do tempo em que realmente estava. Num tempo anterior em que seu corpo ainda lutava, em vão, contra o baque que inevitavelmente acertaria a lateral de sua cabeça e o faria tombar sobre o chão daquele hospital. E então seus olhos se fechariam, como se fecharam, para só em seguida, como agora, voltarem a se abrir. Olhos ainda desnorteados, ele ainda trêmulo e suado, tentando compreender o inalcançável.

Uma dor aguda ocupava sua cabeça e o impedia de manter a vista aberta por mais do que breves segundos. A boca seca, ainda que quisesse gritar, não encontrava palavras. E dentro, no mais fundo de quem ele era ou no mais íntimo daquilo que sentia, um berro se agigantava. "Ela morreu?" Ele se perguntava. "Ela morreu?" Dizia a si mesmo, segurando-se à única sentença que, subitamente, lhe restava. "Minha mãe. Onde está? Mãezinha. Onde estou?"

Dentro de um cômodo escuro e apertado, fez alguma força com os braços até conseguir se sentar sobre a cama

6

Abri os olhos

Num tempo anterior

a o baque

n a lateral d a cabeça

trê

mulo e suado

boca seca

no mais fundo

um berro Ela mor

reu Ela morreu

mãe Onde está Mãezinha Onde estou

um cômodo apertado

cama

dura e malcheirosa onde estava. Após breves instantes, rendido por uma nova tonteira, percebeu que um pouco de luz chegava por seu lado direito. Sentado, já tendo apoiado os pés descalços sobre o chão frio, discerniu o lado esquerdo do direito, o acima do abaixo, como se dependesse disso para saber-se vivo.

Completamente enjoado, voltou o rosto em direção à luz e flagrou grades de aço, ferro ou metal, não conseguia entender, grades enterradas no chão e enfiadas no rebaixado teto da sala onde estava. "Estou preso", constatou. "Isso é uma cela. Um cubículo, uma cova, um quadrado". Respirou fundo, se exigindo calma, temendo não aguentar ficar ali por mais um minuto que fosse.

Era madrugada de uma quarta-feira qualquer. E, de fato, aquele homem, reconhecido advogado, estava preso. Encarcerado. Sem direito a nada do que a lei teria lhe assegurado. Não havia lei. Não ali, não para um ser como aquele ser que, subitamente, ele havia se tornado. "Estou preso." Imerso numa escuridão quase absoluta, ele não conseguia acessar os motivos que justificassem o fato de ter se tornado, num rompante, uma exceção à normalidade. Nem sequer havia alguém por perto, alguém que pudesse lhe dar um reflexo, ainda que difuso, de sua bizarra feição.

Sua cabeça latejava. Tentava recordar o percurso até ali, mas parecia não saber mais nada sobre si. Por trás das grades, viu um corredor quase interminável ao fim do qual, bem longe de onde estava, alguém parecia o observar. Não estou sozinho, assim ele pensava. Ergueu-se, urgente, tentando pedir ajuda, mas seu corpo doía muito. Além da mãe morta e de estar preso, havia tomado uma surra: era tudo o que ele conseguia saber naquele instante.

dura malcheiro
tonteira

pés descalços chão frio

enjo o
grades não
entend o
Estou preso
uma cela cubículo uma cova
calma

de fato
estava Encar
cerado
Não Não
Estou preso
escuridão quase absoluta
fato

alguém perto alguém
n ão

nada
grades um corredor interminável

estou sozinho
ajuda doía muito
uma surra

Quase nu, vestido apenas numa cueca branca e suja, vasculhou o próprio corpo à procura de si. Tocou seu pênis, os testículos, a bunda, as bandas da bunda, o cu. Provisoriamente aliviado, seguiu esfregando as mãos pela extensão de seu corpo ferido, mesmo sem se enxergar. Em plena escuridão, disse a si mesmo que estava ali. E repetiu. "Você está aqui." Mas onde? Aqui onde?

Trôpego, foi da cama em direção à grade da cela em poucos segundos. Era uma cela apertada, constatou. Cada movimento que fazia naquele ínfimo espaço ecoava alto e lhe dava a certeza de que, sim, estava sozinho e, mais que isso, estava mesmo aprisionado. Difícil acreditar. Coçou os olhos, piscando-os sucessivas vezes. Não conseguia enxergar quase nada.

Encostou o rosto à grade fria, ancorando as mãos no aço que o separava do mundo que antes fora tão seu. Tentou mais uma vez abrir a boca para pedir ajuda, no entanto, outra vez, nada lhe veio, nada lhe viria. Nem grito nem palavra, nem mesmo raiva ou tanta dor assim. Ele estava, como nunca antes, privado de ser quem sempre achava ter sido. Ele, agora, sentindo-se completamente inútil, descartável, absolutamente sem função ou sentido.

– Mãezinha... – resmungou para si mesmo, ouvindo a própria voz, assustadoramente machucada. E assim como não conseguia deixar de chamar por ela, assim também não dava conta de entender tudo aquilo que sentia. Tremia. Pela voz mutilada e, sobretudo, por conta da palavra que repentinamente havia se tornado tão estrangeira a ele: mãe, mãezinha, sua mãe, onde ela estava?

Um repentino pesar encheu seu corpo, e ele desejou morrer, quis evaporar em meio ao inerte ar daquela cela, corpo ferido

Você está

aqui   Mas onde   Aqui onde

grade   cela

cela apertada

sozinho   mais

nada

Ten

tou   ajuda

outra vez nada   nada

raiva   dor

completamente inútil

Mãezinha

não

mãe

mãe onde   estava

quis voltar no mais antigo dos tempos para impedir que a vida se movesse assim tão indiferente às suas vontades, tão abusadamente autônoma à dor que agora o consumia.

– Minha, minha, minha mãe... – Ele repetia, segurando com força as grades que exalavam um cheiro forte de ferro ou sangue. Seus sentidos, aos poucos, voltavam a se firmar. A raiva, porém, a todo instante se desmedia. Ele batia as mãos espalmadas contra as grades como se pudesse fazer com que elas sumissem dali. Mas elas não sumiam, não sumiram, não sumiriam.

Mas sua mãe voltaria, ele queria acreditar nisso, queria sentir que ela realmente viria. Que estenderia a ele seus braços quentes e confortantes. Ela o tiraria daquela cova escura. Ele voltaria, de bom grado, a ser criança outra vez. Dependente da mãe e de seus mimos, refém dela para o básico: para andar e sentir, para ler e interpretar o mundo, este mundo, aquele mundo trancafiado do lado de fora de sua cela. Sentia-se ridículo, ridicularizado. Absolutamente diminuído, posto de fora. O que acontecia? "Por que comigo?"

– Por favor... – disse ele bem baixo a quem pudesse lhe ouvir ou ajudar.

E tudo o que ouviu foi o seu próprio gemido ofegante. Privado de sentido como estava, gastou minutos aceitando que a dor que sentia, ela sim, era tudo o que havia lhe restado. Demorou longos minutos, talvez horas, para aceitar que, a partir de então, a dor que de fato ele sentia se tornaria o princípio de tudo, seria a dor o seu único e mais honesto elo com a vida que lhe restara. Era orgulhoso demais, sempre fora orgulhoso, por isso resmungava, porque não se abandonaria, era direito dele ser quem era ou, naquelas condições tão cretinas, se tornar quem finalmente tivesse que ser.

volta

agora

Minha minha minha mãe

ferro sangue

raiva

contra as grades

não

não não

cova es

cura

ridículo

o que havia resta

do

dor

a dor seu único elo

com a vida

tão cretina

Lembrou-se, em vislumbres tremidos, dos socos que recebeu e dos murros dados. Lembrou-se dos seguranças e de seus cassetetes pretos e lustrados. Lembrou-se dos olhos da mãe e doeu ainda mais. A dor era tudo o que tinha lhe sobrado. A dor como a sua nova guia, como princípio para o que viesse. A dor, dali até o fim. A dor do fim até outros inícios.

Voltou-se contra o longo corredor que o vigiava e apoiou as costas peladas nas grades frias. O toque do ferro em seu corpo, muito ferido, o fez comprimir os olhos num misto de raiva e medo. Você não veio branco. Era a sentença que ressurgia em sua cabeça. Ela se fazia ouvir, independente dele, ela se repetia: você não veio branco, não veio branco, você não veio branco! Gritava a sua própria consciência, numa voz grave e incessante. Você não veio branco. Não veio branco! "Vim como, então?" Se perguntava, irado. E a sua ignorância frente a essa questão o aproximava, pouco a pouco, daquilo que as autoridades que o encarceraram já sabiam.

Quando seus olhos finalmente aceitaram que a escuridão que o envolvia era outro tipo de visão e não simplesmente uma cegueira, somente então ele pôde olhar de volta aos seus braços e às mãos, aos seus dedos e a cada pelo. O seu desconforto, sem pressa, o brindava com uma resposta decisiva. Um riso amargo escapou dele, riso grudento, meio protesto, meio desespero. Completa agonia.

– Caralho... – Ele se viu, então, pela primeira vez após décadas separado de si mesmo. Ele estava amarelo, era amarelo, tal como as festas de seus aniversários mais saborosos. – Caralho... – repetia ele, ora querendo sumir deste universo, ora agradecendo à incrível lógica de merda que parecia re-

em vislumbres tremidos os socos
os murros os seguranças
seus cassetetes os olhos
da mãe A dor
sua nova guia
A dor

costas peladas na grade fria

Você não veio branco sen
tença que ressurgia
você não veio branco
não veio branco você não veio branco
incessante Você não
veio branco Não veio branco

aceita

olha de vol
ta seus braços mãos dedos

amargo
protesto
Caralho
est o
u
Caralho

ger sua fragilíssima humanidade. – Tu tá amarelo, porra, tá todo manchado de amarelo... – Ele riu, ainda que lágrimas preenchessem seus arregalados olhos.

– Que porra... Que merda é essa, meu Deus? Caralho... – disse e riu, sem saber o motivo. Sentado no chão, encostado à grade, percebeu que a parede à sua frente, lentamente, começava a mudar de cor. A parede clareava. Parecia ser feita de um vidro blindado que era atravessado pelo dia que começava a nascer do lado de fora. Estalou os beiços, vermelhos de tão amarelados. Não mais despertador nem cortinas, não mais toalhas brancas e felpudas, não mais sabonete de baunilha. Por isso riu, supérfluo. Ele e o próprio riso, ambos rindo daquela súbita e monocromática desgraça.

As pernas abandonadas sobre o chão de cimento. Os pés largos na ponta dos quais dedos que se esticavam como estranhas antenas, tecnologia original de um corpo integralmente amarelo. Amarelo. Feito a gema dos ovos de uma vida inteira. O sol na cela e as canelas douradas de tão amarelas. Os pelos ainda mais loiros, os joelhos com marcas ainda mais amareladas. Coxas amarelas, ventre amarelo, peito amarelaço, pescoço ouro, a luz do dia dando-lhe a notícia oficial que a vida inteira o universo havia lhe censurado.

Ergueu, lentamente, a mão esquerda em meio ao confinado ar da cela. Aproximou os olhos da pele. Girou a mão, encantado, vendo dançar sobre a superfície de seu corpo desenterrado uma coloração com vida própria, movediça e instável. A cor o desafiava, oscilante, ora mais clara, ora densa e fechada, sempre luminosamente radiante. Uma cor viva, tradução direta de seu desespero e de sua ínfima alegria, do escárnio de seu riso e de sua ira desmedida.

Tu tá amarelo porra tá
todo amarelo

porra Que merda Deus Caralho

a parede à frente
clareava
vidro blindado atravessado pelo dia
la de fora
Não
não não
riu
rindo
pernas
pés dedos
e u
integral amarelo Amarelo gema
sol dourad
o pelos loiros joelhos
Coxas ven
tre peito amarelaço pescoço ouro

a mão esquerda em meio ao con
finado ar da cela Aproximo os olhos da pele Giro a mão

uma coloração com vida própria
instável oscilante clara
densa luminosa radiante
viva desespero e ale-
gria eu ri o e e u ira

– Foda-se essa merda... – falou para si mesmo, impiedosamente ríspido. A atrasada revelação de si mesmo lhe doía fisicamente. Era óbvio que aquilo lhe aconteceria um dia, era evidente que seria com ele. Pensou em sua terapeuta, no que ela lhe perguntaria caso o visse ali, escorregadio entre dois mundos, tentando se manter feito um homem óbvio ou como o outro que era, extremo e estridente, alguém seguramente louco aos olhos de tanta gente. Ela, com certeza, lhe perguntaria sobre como ele gostaria de se sentir naquele instante.

– Vai amarelar? – desafiou a si mesmo, levantando-se do chão e retirando a própria cueca. Não havia mais espelhos, não haveria mais reflexos. Pousou uma das mãos sobre os cabelos, vendo o mundo através da janela e o estreito corredor atrás dele. – Como você quer se sentir agora? – Ele se olhou. – Sem esconderijo. Sem segurança ou beleza que me salve. Doendo, assim. Quanto mais se afugenta a vida, mais cruel ela retorna – disse, e balançou a cabeça concordando com aquilo que sentia. – A vida retorna e passa impiedosa sobre tudo e sobre todas as coisas. Como eu gostaria de me sentir agora? – perguntou a si mesmo, em som audível e se deu uma definitiva resposta: – Quero me sentir desse jeito.

E riu sonoramente. Riu por décadas inteiras, ali, ancorado em poucas horas. E quanto mais ria, mais sua pele vibrava aquela traição amarela, provedora de outros mundos. Riu de sua inteligência suprema, de sua superioridade tão solitária, riu de cada curva feita, cada letra assinada, riu de seus medos mais mesquinhos, dos dinheiros, dos quilos de ternos e gravatas. Riu, por fim, de tudo aquilo que, em algum momento, o distanciou do único fato que agora o sustentava: ele sempre fora outro ou outra coisa. Ele sempre fora estranho, excessivo e excepcional. Ele, ouro puro. Pura praga. Descomunal.

Foda se merda falo

atrasad o de m

i m Era óbvio que aconteceria era evidente que seria com

i g

o homem óbvio

Vai amarelar levant o do chão retir o a cueca Não mais espelhos não mais reflexos mão sobre os cabelos

Como você quer se sentir agora

Quanto mais se afugenta a vida mais cruel ela retorna

impiedosa so bre tudo

Quero me sentir desse jeito

traição amarela

e l e

outro outra coisa Ele

ouro puro Pura praga

Capítulo 7

Provavelmente três metros de comprimento. Era essa a medida. Da parede com a janela blindada e embutida até as grades localizadas no lado oposto da cela, havia cerca de quase três metros de comprimento. Pela janela ele via a luz do dia. Através das grades, um infindável corredor estreito e sem luz. Nenhuma lâmpada à vista, nem sequer em sua cela. A iluminação daquela estranha penitenciária era de inteira responsabilidade do sol, assim como de sua ausência.

– Não acham muito apertado? – gritou ele, subitamente, esperando por uma resposta que não viria. – Considerando o meu tamanho, eu não poderia ser transferido para uma cela um pouquinho mais espaçosa? Sei dos meus direitos, estão me ouvindo? Ou virei uma exceção? Está na moda, é isso? Ser preso sem motivo, sem provas, apenas porque sim. Porque sim! Não! Porra, não! Eu também não sabia dessa tinta amarela infiltrada dentro de mim! Prendam a minha ignorância, mas não eu, eu não! Por que vocês me trancafiaram aqui? Quem são vocês, afinal? – perguntava ele, ganhando como resposta apenas um corpulento e tenebroso silêncio.

7

três metros de comprimento

quase três metros de comprimento

Nenhuma lâmpada à vista

Não acham muito apertado

Considerando o meu tamanho não poderia ser transferido para uma cela mais espaçosa

Está na moda é isso

Ser preso sem provas apenas porque sim Por que sim Porra não também não sabia dessa tinta amarela infiltrada dentro de mim Prendam a minha ignorância mas não eu eu não

– Tem alguém aí. Eu sinto. E sei que você me escuta. Mesmo sem saber quem é você, mesmo sem te ver, sei que você me escuta e te agradeço. Nunca fui bom com solidão. Não precisa dizer nada, certo? Não vim dar trabalho. Posso até te entreter um pouco, contar uma história mais leve, mais divertida. Não sou bom com piadas, mas alguma graça eu devo ter, não acha? Não tenho cara de palhaço? A gente sempre tem uma alegria, tem azia de sobra, mas alegria, uma alegriazinha que seja, a gente sempre tem, só que às vezes não encontra. Que momento esse, hein? Que situação escrota. Isso é degradante, é humilhante! Já entendi. Perdi o direito de dar o meu telefonema. E eu nem ligaria para o meu advogado. A essa hora ele não me atenderia. Não tenho dúvidas, a essa hora ele deve estar sem celular, de cueca, trancado num motelzinho de décima categoria tipo essa cela aqui, tipo essa cova. Estão me ouvindo? – gritava ele enraivecido, ouvindo apenas um silêncio insustentável que fortalecia ainda mais a sua evidente fraqueza.

– Queria ligar para outra pessoa! Para dar um alô, uma satisfação. Posso? Por favor, me deixem poder alguma coisa. Eu estou apaixonado! Não gosto de dizer essas coisas porque isso amolece a gente e jamais gostei de gente mole, mas eis um fato! Estou apaixonado, como nunca estive nessa vidinha ordinária. Eu amanheci até mais bonito hoje. Hoje cedo. Olhei essa minha cara no espelho e estava tudo lá, tudo em seu devido lugar, a certeza estampada na cara de que eu sou um cara bacana, não porque eu realmente seja, mas só porque estou apaixonado. Estou amando essa mulher porque ela é linda e é gostosa. E inteligente. E me desnorteia, não só pela bunda, a Valentina vai muito além do que um par de peitos, ela irradia um negócio bom, gos-

Tem alguém aí

mesmo sem te ver sei que você me escuta

Não vim dar trabalho

Posso até te contar uma história mais leve divertida alguma graça eu devo ter não acha Não tenho cara de palhaço

Que momento esse hein situação escrota degradante é humilhante Já entendi Perdi o direito de dar o meu telefonema

Queria ligar

Posso me deixem poder alguma coisa

Estou apaixonado

amanheci até bonito hoje

Olhei minha cara no espelho e estava lá a certeza de que sou um cara bacana

só porque estou apaixonado amando essa mulher linda gostosa inteligente

não só bunda a Valentina vai muito além d e um par de peitos toso, não estou falando de tesão, é outra coisa, uma coisa suculenta. É isso. Esse é o nosso nome: uma coisa suculenta. Não porque de fato eu seja suculento, tenho me sentido até um pouco flácido ultimamente, coisa da idade, quarenta e tantos, daqui a pouco já cinquenta, mas porque ela me torna alguém suculento sempre que me olha. E aí, pronto, já virei comida para ela. E ela me diz essas coisas. Disse hoje, no almoço, me disse assim: vou te morder todinho hoje à noite. Porra! Ela disse isso! Disse que vai me, que ia me morder. E é assim que tem que ser, não é? Direta no papo reto. Profunda no cu do mundo. A Valentina não pede licença para estar viva, não. Não pede nem recibo de compra. Ela simplesmente vai. Ela abre caminho. Ela foi. E eu aqui agora. Vocês prenderam o cara errado, viu? Deviam ter me revistado antes de me enfiar neste buraco de merda. Eu não estou puro, sabiam? – ele riu, quase ameaçador. – Estou contrabandeando uma droga pesada aqui dentro de mim. Se chama amor, seus idiotas! É o que sobrou. Confesso a você, meu amigo, sempre tive certeza de que esse tipo de coisa aconteceria comigo. Vida perfeita demais a minha, vida capa de revista. Vida olímpica e asfaltada! Mas vida sem depressão não é vida, porra! A gente sabe, a gente esquece porque a gente sabe. Acompanha comigo e me diz se não é exatamente isso. Numa hora ou noutra alguém apoia um copo molhado em cima da capa da revista dessa vida capa de revista. Aí outro alguém chega e também apoia outro copo também com a base molhadinha em cima da porra da capa da revista. A base do copo, ou da taça, está sempre molhada porque a gente não quer pouco, viu? A gente estraçalha a vida, trepa com o dinheiro, a gente come a carne já moída que a gente nem mastigou, a gente não é outra coisa

suculenta

E ela me diz coisas
vou te morder to
dinho hoje à noite Disse
que ia me morder Dire
ta no papo reto Profunda no cu do mundo Valentina não
pede licença Não pede recibo de
compra Ela simplesmente vai
Vocês prenderam o cara errado viu

não estou puro sabiam
Estou contrabandeando uma droga pesada dentro de
mim Se chama amor seus idiotas Con
fesso a você meu amigo es
se tipo de coisa aconteceria comigo Vida perfeita demais
minha vida capa de revista Vida olímpica

Acompanha comigo
é exatamente isso alguém
apoia um copo molhado em cima da capa da revista des
sa vida capa de revista

A base do copo ou da taça
sempre molhada porque a gente não quer pouco A
gente estraçalha a vida trepa com dinheiro come
carne já moída que a gente nem

mastiga, a gente só engole. É uma fome esfomeada! Uma sede que não seca! Porque tem sempre outro copo. Outra garrafa! E tudo vidro cristal com a bunda molhadinha! Tudo *drink* com gelo, coisa descolada, a gente segue brindando e pisando nessa vida capa de revista, vai bebendo aquela cerveja estúpida e gelada, a gente vai apoiando o copo e a taça molhada sobre a cara da capa da revista da vida. E, se você olhar, vai perceber que em cima da capa da revista, subitamente, aparece aquela logomarca das Olimpíadas, sabe? Aquele monte de bolinha vazia, uma separada da outra, esbarrando entre elas só na bordinha. É tanto copo molhado que a gente carimba na vida, que subitamente a revista fura, o vidro atravessa a foto e, rasga tudo e, porra, você se pergunta, não era uma vida olímpica, caralho? Você se pergunta, meio cínico, todo besta, você se pergunta que porra é essa que a minha vida era olímpica e de repente se quebrou?! Porque não é barato uma vida maravilhosa como essa! Não é barato transformar carne em revista e ainda querer apoiar copo molhado em cima! Aí rasgou. Rasguei. Óbvio que rasgaríamos. Eu fiz tudo bonitinho, Jorge. Vou te chamar de Jorge, está certo? Tudo bonitinho demais, Jorge, excessivamente bonitinho. Tudo limpo demais. Fui um cara mais asseado do que assanhado. Aí deu no que deu. Tinha que ser comigo. Não é piada. Eu mereço. É verdade. Só que eu não tinha capacidade para imaginar os detalhes, essa cor, olha para isso, esse amarelo, achei muito criativo, Jorge. Você me entende? Eu só estou sozinho agora porque evitei por muito tempo ficar só comigo. Só que a vida não é idiota, meu caro, vou te falar, a vida vai! A vida arranja um jeito de te enfiar no espeto! Quem eu era, quem fui, agora percebo, quem eu deixei de ser, nunca não esteve comigo.

mastiga só engole fome esfomeada sede que não seca Porque tem sempre Outra garrafa tudo vidro cristal com bunda molhadinha *drink* com gelo a gente segue brindando pisando nessa vida capa de revista bebendo cerveja estúpida gelada apoiando copo taça molhada sobre a capa da vida E se você olhar vai perceber que em cima da capa da revis ta aparece aquela logomarca das Olimpíadas Aquele monte de bolinha vazia uma separada da outra esbarrando entre elas só na bordinha É tanto copo molhado que a revista fura o vidro atravessa a foto rasga tudo e porra

você se pergunta que porra é essa que minha vida era olímpica e de repente se quebrou Porque

Não é barato transformar carne em revista e ainda apoiar copo molhado em cima Aí rasgou Rasguei Óbvio fiz tudo bonitinho Jorge Vou te chamar de Jorge bonitinho demais Jor ge excessivamente bonitinho limpo demais mais asseado do que assanhado deu no que deu Não é piada Eu mereço

Só que

olha para isso esse amarelo achei criativo Jorge Eu só estou sozinho agora porque evitei por muito tempo ficar só comigo Só que a vida não é idiota vou te falar a vida vai A vida arranja um jeito de te enfiar no espeto Quem eu era quem fui agora percebo quem eu deixei de ser nunca não esteve comigo

Estava aqui esse tempo todo guardado, prestes a despertar e agora acordou. Não quer ver de perto?

Ele sabia não estar sozinho. De algum modo, ele sentia a proximidade desse outro corpo que até então não havia mostrado a cara. Talvez o sentinela que o vigiava, no mais distante do escuro e interminável corredor, tivesse dado um jeito de manifestar que estava ali. Uma tosse breve e baixa. Uma caneta que, porventura, deixou escorregar ao chão. Um ar, uma respiração quase silenciosa, mas densa, pedindo para ser descoberta. Ele estava ali. Os dois estavam ali.

– Pode se aproximar. Fechei os olhos. Veja de perto. Só não tenta explicar. Tudo o que a gente não consegue entender nem explicar a gente chama de destino, de acaso. Uns chamam de Deus. Você acredita em Deus? Eu nunca acreditei, Jorginho. Só acredito, ou acreditava, apenas naquilo que podia ver ou tocar. Deus nunca falou comigo, porra, nunca chegou perto, nem veio tomar um café ou uma cervejinha. Você acha mesmo que Deus, se fosse assim tão divino, não tomaria uma cachaça no fim do dia? Às vezes penso em Deus. Penso que talvez ele tenha vindo. Talvez eu não tenha visto ele chegar. Talvez eu nunca tenha tido ouvidos para escutar o jeito como Deus tentava conversar comigo. Não quero te comover não, ok? Quero apenas um favor. Preciso te pedir que mande uma mensagem para a Valentina. Aqui é o Jorge, amigo do seu amor. Apenas liga para ela, Jorge amigo, e diga que estou preso, que fui preso, que provavelmente vou morrer, que eu sinto isso, que eu sinto muito não ter percebido que o nosso almoço de hoje seria o último de nossas vidas. Diga que te pedi que dissesse exatamente assim: que não teve despedida, coração, porque o nosso amor não acaba. O nosso amor vai dar um jeito de continuar.

Estava aqui esse tempo todo guardado prestes a despertar e agora acordou Não quer ver de perto

Pode aproximar Veja de perto
não tenta explicar
a gente chama de destino acaso
de Deus acredita em Deus nunca acredi
tei Jorginho Só acredito ou acreditava naquilo que
podia ver ou tocar Deus nunca falou comigo nunca
chegou perto nem veio tomar uma

no fim do dia Às vezes penso
talvez ele tenha vindo
Talvez eu nunca ouvi
o jeito como Deus tentava conversar comigo

mande uma mensagem para Valentina
diga
que estou que vou
que sinto que sinto muito não ter percebido
que nosso almoço hoje seria o
que não
teve despedida coração porque nosso amor não
o amor vai dar um jeito

– Sabia que tenho um grande amigo que sofre de uma doença parecida? Acho que se chama psicossomatização. É difícil explicar, mas tudo o que ele sente, ele não consegue sentir. Ele sente, mas finge que não sentiu. Só que, algumas vezes, o corpo cansa de sentir sozinho as coisas que o cara não aceita sentir junto ao corpo. Aí ele adoece. Porque isso que a gente chama de doença é só um aviso, é só o corpo te pedindo para chegar junto dele, para andar junto. Se, por exemplo, a gente vai almoçar. Isso aconteceu outro dia. Aí eu falo para ele: Andrezinho, quer cerveja ou vamos de caipirinha? Se eu escolher a cerveja antes da resposta dele... E se a resposta original dele – se o desejo dele – fosse caipirinha... Porra, quando ele me vê pedindo a cerveja, ele já não consegue escutar o desejo dele, aí ele pede cerveja também. Aí sabe o que acontece? No dia seguinte ele está doente porque ele fez uma coisa que ele não queria fazer, mas fez porque cismou que era obrigado a fazer. Está me entendendo? Aí o corpo reage. É uma reação química, fisiológica, sei lá, ele fica doente. Eu fiquei doente. Amarelo. Dourado. Por favor, não tenha medo.

De olhos fechados, ele esticou um dos amarelos braços através das grades e o sustentou em meio ao ar. Ficou assim por um tempo. Braço no ar, enquanto breves e silenciosos passos começaram a cruzar o imenso corredor. Após uns minutos, ele ouviu algum movimento vindo em sua direção. Quando abriu os olhos, um homem alto e branco, preso num uniforme quase juvenil de guardinha escolar, o mirava tomado por um espanto absolutamente contido.

– Ei, Jorge... Posso continuar te chamando de Jorge?

O homem, dentro de um boné apertado, fez que sim com a cabeça.

tenho um grande amigo que sofre de
psicossomatização
tudo o que ele sente
finge que não sentiu

Aí ele adoece

aconteceu outro
dia Andrezinho quer cerveja ou
caipirinha Se eu escolher cerveja antes
dele E se o desejo dele fos
se caipirinha ele me vê pedindo cerveja
aí ele pede cer
veja também Aí No dia seguinte
tá doente porque fez o que não queria
porque cismou que era obrigado a fazer
Aí o corpo reage
fiquei doente Amare
lo

Ei Jorge Posso continuar te chamando de Jorge

– Então, Jorge... Dá uma olhada. Está se mexendo. Alguma coisa treme em mim. Olha como treme. Sei que é estranho, meu querido, mas não posso, Jorge, achar estranho um homem subitamente ficar amarelo. Não posso achar isso estranho quando seres humanos ainda seguem morrendo de fome e de sede e sendo assassinados por tantos remédios. Tem doença mais perigosa que essa minha. Há pestes mais incoerentes do que isso. Inflamações mais agudas, ações mais espúrias, existe coisa mais intolerável do que um homem vestido de cor. Isso que chamo de peste, essa peste, é a pista de que existe algo além do que disseram ser a vida.

Subitamente, um nó, dolorosamente grave, torceu o seu ventre. Ele recuou em direção ao centro da cela. Um enjoo repentino se alastrou por todo o seu corpo. Gotas brotaram de seu tecido amarelo. Suas mãos voltaram-se contra si próprio como se, repentinamente, ele pudesse desfalecer. O sentinela, visivelmente assustado, afastou-se delicadamente das grades, observando o corpo amarelo se sufocando numa respiração acelerada e barulhenta. O homem que homem não era se agachava sobre o chão tentando controlar algo que não lhe pedia autorização para acontecer. Algo acontecia. E doía. Ele chorava, rangendo os dentes uns contra os outros. Ele tremia sem fim. Algo nele se gerava, seu corpo trabalhava a favor de um propósito impensável e imprevisto. Ele tremia feito uma nave segundos antes de decolar, ele esquentava, emanando, do centro de seu ventre profundo, um calor monumental.

Não haveria volta. O sentinela deu as costas para a cela e correu em meio à escuridão do corredor infinito. Era só ele agora. Ele acompanhado daquilo, daquela coisa que o

Dá uma olhada
Alguma coisa treme em mim
é estranho meu querido mas não posso Jorge

achar isso estranho

Tem doença mais perigosa que a mi
nha pestes mais incoerentes Inflamações
mais agudas ações mais espúrias coisa mais intole
rável que um homem vestido de cor

doí

consumia. Não era uma dor qualquer, não era simplesmente um doer. Sua coluna se dobrava integralmente, elástica. Os ombros trepidavam. O peito entrava para dentro de si próprio, os ossos pareciam amolecer. Doía muito e fascinava enormemente. As mãos contra o ventre, as mãos no ventre, agora o ventre entre as mãos.

Os olhos, sem que soubessem, se despediam daquele cenário, daquela casa tão provisória. As grades da cela foram perdendo a nitidez. A dureza do piso já não tão frio foi amaciando. A luz que vinha do lado de fora foi escorrendo por todos os lados. Tudo meio geométrico, tudo sem eixo, dançando. O tempo sem sentido. Os sons sem direção. Uma pausa. Uma ponte. Um plano. Ele, quando se deu conta de si, já era todo céu. Ele já era todo vento. Mas não o enunciado do vento, não a palavra vento. Ele era o vento, apenas. O vento apenas. Sem mistificação.

Não era uma dor qualquer não era simplesmen
te doer a coluna dobrava elástica
ombros trepidavam peito entrava para dentro
ossos pareciam amolecer Doía muito fasci
nava enorme mãos contra o ventre mãos no
ventre agora o ventre entre as mãos

perdendo a nitidez
amaciando escorrendo
geométrico sem eixo
dançando O tempo Os sons
pausa ponte plano
e u todo vento não o
enunciado do vento o vento
apenas Sem mistificação

Capítulo 8

Quando seu corpo pousou abrupto sobre aquele terreno, a primeira imagem que seus olhos viram foi a de um céu vermelho e imenso, deitado sobre ele. Céu integralmente embaçado. Ele sentia calor, muito calor. Uma quentura se irradiava em ondas rubras e quase visíveis, produzindo uma atmosfera claustrofóbica e carregada. O chão sobre o qual ele estava era rochoso, mas não seco nem tão firme. Era algo como um flamejante coágulo porque sua coloração oscilava entre o vermelho do céu, o cinza das pedras mais triviais e algo alaranjado, fruto do que se queimou ou ali fora queimado.

Lançado sobre aquele vastíssimo terreno rochoso, ele respirava com dificuldade, puxando um ar que não o saciava por completo. Havia algo naquele ar, componentes outros que não apenas o familiar oxigênio. Ele percebeu que seus tremores haviam desaparecido. Seu ventre, estranhamente, não estava mais agitado. Uma calma forçada imperava naquele lugar. Ele, em sua cueca branca, ali ainda mais brilhante, outra vez havia perdido o controle de tudo.

8

respira

calma

As perguntas se multiplicavam nele e, em sua cabeça, permaneciam acumuladas. Caso pudesse se ver de longe, compreenderia a ingrata situação em que estava. Ele era um ponto amarelo e titubeante, ponto falho e traiçoeiro, lançado sobre uma rocha escarlate e elevada, apartada do solo comum. Ele, maliciosamente colocado naquela altura para ser abatido tão logo fosse preciso. Sem fala possível, dizia em voz inaudível o pouquíssimo que conseguia articular.

– Não estou em casa, não mais na Terra.

Ergueu-se do chão com dificuldade. Seus olhos secos, diante daquele vasto cenário, se escancararam. Sua pele amarela, mais solar que antes, confirmava não se tratar de um calor hediondo concentrado sob um céu opressor. Era também um calor crescente. Olhou para cima. A abóbada celeste, feito uma pesada e invisível manta, a cada segundo lhe soava mais artificial e mecânica. Ele lutava querendo compreender o incompreensível, mas era luta em vão. Não lhe chegaria tradução para tudo que o subjugava: céu aberto, mas sem prédios, escancarado, mas aparentemente encapado. Firmamento irritante, irritadiço, vermelhaço. E se repetia, tentando afugentar a sua ignorância.

– Não estou na Terra, não mais em casa.

Sentia sede, muita sede. Sentia-se carregado e muito pesado, como se naquele espaço a gravidade agisse de modo mais imponderável. Ajoelhou-se, exaurido, sobre o calor da rocha. Suas mãos feridas pousaram lentas sobre suas pernas desnudas e desconcertadas. Seu rosto, mais uma vez, voltou-se para o interminável céu. Quis pronunciar palavra, pedir por ajuda, mas nada fez. Manteve-se inerte, fitando o céu, em vez de considerar a rocha que o abrigava.

– Deita aqui. Você está cansado. Seu lugar está protegido em mim desde sua partida. É mais imenso agora, mas ainda é seu, ainda aqui. Deita e escuta aquilo que nunca lhe foi permitido saber. Que não bem compreenda, ainda assim, deita. Faltando palavra, o abraço forja um jeito de tramar conversa. Deita aqui, deita, parte de mim. Esse momento nos aguardava.

Quando se pisa num terreno, é possível escutar aquilo que ele esconde? Seria possível, ali sobre aquela imensa rocha, saber o que ela comportava, saber com precisão do que ou de quem ela era feita? Abraçado pela angústia que é ser ignorante do destino, agora sim, ele podia ouvir além do já sabido, podia sentir noutra intensidade, distinta do que lhe fora habitual por toda uma vida.

– Naquela época, não sabíamos o que um corpo podia. Mas eles descobriram. Eles, sempre eles, os endinheirados homens brancos donos dos bancos e do jogo. Eles reviraram nossos genes, nossa capacidade de afetar e ser afetado, todo o psiquismo, as paixões e suas glândulas, nossa inteligência, a alegria de nossa imaginação, a criatividade e numerosas vontades. Eles descobriram tudo. E tudo então descoberto foi violado, invadido, saqueado. Eles estão por toda parte. Querem poder sempre mais e nunca mais parar de poder. Seres humanos decaídos. Gente caída de amores pelo poder, obcecada por continuar decidindo sobre tudo e sobre todos, mas apenas de seu jeito próprio.

Independentemente de onde vinham, aquelas palavras estavam vivas e vibravam. Independentemente do que era possível compreender sobre tudo aquilo, o calor se adensava mais e mais. Ele já não buscava por sentido algum porque, a despeito dos sentidos, ele sentia tanto. Algo acontecia ali.

<u>escuta</u>

Quando tirou os olhos do céu e os voltou para si mesmo, sobre aquela inescrupulosa rocha, percebeu que não se tratava mais do céu, que não era algo sobre ele. Era ele sobre algo. Era algo sob ele. Aquela montanha, aquela voz.

– Eles te trouxeram de volta para concluir a punição iniciada em mim, meu filho. Eles nos punem porque não têm mais língua para saborear a doçura de nossa história, porque não possuem mais tato para sentir isso que nos fez nascer. Por que tão judiado o amor? O amor, meu filho, por que o machucam tão insistentemente? É diminuído, maltratado, posto de lado. Todo o horror que fazem do amor é a prova de que só o amor sobrevive esse universo. Não tenha medo. Não erga a cabeça, fique deitado. Fica aqui, em mim. Tenho espaço para o seu pavor. Sou também solo fértil para a sua ira.

Lento e quase inconsciente, ele tombou sobre a sua mãe. Sentiu o baque de sua cabeça na rocha, o tocar de sua pele desencapada naquele chão quentíssimo, sentiu-se imergindo num abraço inédito e antigo. Junto àquela montanha, seu desconhecido passado se presentificava. Pernas trançadas, ventre apertado, olhos escancarados sob a vastidão de um universo obtuso. Como nunca antes, ele se sentia vivo porque estava fragilíssimo. Inteiro porque desgraçado. Ele completamente emudecido, mas todo ouvidos.

– Expedição Conarium. Sétima década do século 20. Projeto ambicioso. Passagem de ida para o planeta Marte, volta gratuita e prometida à Terra, mas nunca realizada. Vim na primeira expedição. Eu tinha 25 anos. Eu, promissora cientista norte-americana, audaciosa, como me chamavam, audaciosa porque enxerguei no brilho de um corpo mais do que apenas a medição de sua frequência luminosa. Auda-

Eles te trouxeram de volta para concluir a punição iniciada em mim

Não erga a cabeça fique deitado

sent e

o abraço inédito e antigo

eu

t

e Co n t

o

t u do

Expedição Conarium Sétima década século 20

Projeto ambicioso ida para Marte

volta prometida à Terra mas nunca realizada

tinha 25 anos Eu

cientista norte americana

ciosa porque vi o mundo em sua indecifrável magnitude. Fundei esta estação. Acreditei que colonizando um espaço extraterreno seria possível abrir caminhos para o bem-estar da humanidade. Mas uma colônia não é apenas um solo onde se finca uma bandeira recheada de estrelas. Uma colônia é também um projeto de controle que molda o sentir e o pensar dos seres que nela se fincam ou que nela são fincados. Pensava estar viva até perceber, tarde demais, que a minha vida aqui, como a de tantas e tantos, era propriedade deste Estado.

A montanha falava a ele e ambos esquentavam. Deitado sobre ela, olhos abertos, mas voltados para dentro, ele sentia o calor emanando e, lentamente, lambendo a sua carcaça amarela. Aquele era o momento, tal como ela sabia que aconteceria. Era o momento, único e exato, ingrato momento em que aquela mulher e sua bastarda cria seriam finalmente queimadas. Mas por qual motivo?

– Você nasceu porque minha arrasada humanidade te desejou. Em meio às ordens que corromperam o meu trabalho e a minha vocação, dentro de mim e sob esse céu inventado, você foi se fazendo. Primeiro como uma fúria secreta e devastadora. Não pude aceitar o que fizeram de mim. Não fui perguntada se queria contribuir com esse esquema. Fui usada. Minha inteligência e minha paixão, compulsoriamente colocadas a serviço de um projeto sórdido! Não pude te evitar, não tive forças para frear o meu desejo. E assim você, fúria minha, deu seu jeito de ganhar corpo e vir à vida.

Confuso e confortado, ele fechou os olhos sentindo seu corpo escorregar, lentamente, para o interior daquela montanha. Um calor originário e inédito o amolecia ao mes-

Acreditei que colonizando um espaço
extraterreno seria possível abrir caminhos para o bem
da humanidade Mas uma colônia não é apenas um solo on
de se finca uma bandeira recheada de estrelas
é também um projeto de controle que molda o sentir e
o pensar dos seres que nela se fincam ou que nela são fin
cados

sent

e a

montanha e l a

mo tempo em que o chupava, milímetro a milímetro, rumo ao fundo daquela história. Não que quisesse morrer, nem que pensasse nisso. Estava já indo quando, bruscamente, esticou os braços e fincou as mãos sobre a flamejante rocha. Seu desejo era outro, naquele instante, seu desejo era apenas um: que tudo aquilo durasse mais tempo. A dor e a revelação por elas trazidas. Que elas durassem mais tempo. Ela, a dor. Ela, sua primeira mãe. Que elas durassem um pouco mais junto a ele.

– Haverá, um dia, violência mais cruel do que aquela dissimulada em liberdade? Acreditei, meu filho. Muitos humanos acreditaram. Investiram dinheiro, excessivas notas, formaram grupos seletos, o suprassumo da humanidade, assim se pensavam. Vieram para Marte. Vieram para cá apenas os ricos e abastados. Pousaram balançando estandartes com lemas que justificavam a sua delirante fome por poder mais que o resto da humanidade. Vieram para poder mais, vieram pelo poder e por esse mesmo delírio foram saqueados e desfigurados. Viemos fundar um novo mundo e eis o mesquinho mundo que geramos, mundo à semelhança de nossa turva humanidade.

Uma montanha, um monumento. Uma irrupção no centro do planeta Marte, esta montanha, um adensamento de rochas, empilhamento de vidas exterminadas. De perto, a dureza do relevo era propriamente o cálcio de ossos distintos e desconhecidos, ossos que antes sustentaram corpos que se voltaram contra os abusos daquele desumano regime e que por ele foram liquidados.

– A expedição Conarium é um projeto de deformação humana. Aqui, nesse calvário vermelho e imutável, alimentam o ódio mais insignificante até que ele se agigante e se

te ch a m a
ela

s o
u eu

sua primeira mãe

filho Muitos hu
manos

Vieram para Marte

com sua delirante fome por
poder mais que o resto da humanidade Vieram para poder
mais vieram pelo poder e por esse mesmo delírio foram
saqueados
e eis o mesquinho mundo que geramos à seme
lhança de nossa turva humanidade
no cen
tro do planeta Marte esta montanha um
empilhamento de
ossos distin
tos que antes sustentaram corpos
que se voltaram contra

A expedição Conarium projeto de deformação
humana

torne algo orgânico e divino. Aqui se deformam seres humanos, meu filho, com ações, discursos e gestos brutos e decorados, surdos e automatizados. Aqui se moldam seres em ódio que são ensinados a detestar qualquer existência distinta da deles. Aqui se montam seres com cabeças e corações calcificados que ficam amarelos porque são cultivados dentro dessa bolha imune à multiplicidade avassaladora da natureza que vive lá fora. Eis a minha compulsória casa. Meus vizinhos, amarelados seres esquálidos, têm sua vitalidade usurpada a cada instante por este Estado. Privados do calor do contato e do saboroso risco dos contágios, tornam-se autossuficientes e procriam seres idênticos a si mesmos sem precisar de nada que não apenas de algum ódio próprio. Ódio que os enzima e os alucina. Ódio que, por tanto ódio gerar, fez também você surgir. Fique um pouco mais, filho, pois faz tempo que te deito em meu solo sem sentir seu peso como agora o sinto. Já está acabando.

Ainda que ele a ouvisse, por certo não era apenas ela quem lhe falava. Naquela montanha e sobre ela estavam empilhados corpos que, por desejo ou acaso, desobedeceram às ordens decretadas naquela colônia. Foi ali onde morou sua primeira mãe por quase seis décadas. Ali estava ela, reunida aos mortos. Ali estava ele, no ápice de uma história forjada em violência, mas traiçoeira por contrabandear tanto amor por dentro.

– Quando você saiu de meu ventre, nesse solo árido e sob a vigília de tantos olhos punitivos, você era o meu desejo mais forte e irado, mas também a evidência de uma severa traição. Eu não tinha autorização para gerar nada aqui a não ser o sucesso desse projeto. Não tinha autorização para continuar sendo humana trabalhando à força

Aqui se deformam seres hu
manos com discursos e gestos brutos
e automatizados Aqui se moldam seres
em ódio ensinados a detestar qualquer existência
distinta da deles seres
amarelos porque cul
tivados dentro dessa bolha imune à multiplicidade avassala
dora da natureza que vive lá fora
seres

autossuficientes procriam seres idênticos
sem precisar de nada que não apenas de algum
ódio próprio Ódio que
por tanto ódio gerar fez também você surgir

você
meu
desejo mais forte mas também uma
severa traição Eu não tinha autorização

para continuar sendo humana n

para um projeto tão desumano. Nem eu nem seu pai. Seu pai, meu filho. Cientista tão jovem como eu, tão apaixonado. Nosso amor, abrupto, nasceu por percebermos que estávamos encarcerados. Fomos amantes por necessidade. Foi assim que você, aqui em Marte, foi gerado. Numa noite em que nos negaram o direito de retornar à Terra te fizemos, às escondidas, nem bem porque o queríamos, mas porque precisávamos de ti. Precisávamos do toque, dos beijos e dos abraços. Precisávamos da lembrança que ainda éramos humanos numa estação onde qualquer paixão subitamente passou a ser intolerável. Você, filho de um desespero urgente, nascido em meio ao ódio, mas nascido feito ódio ao contrário. Você, meu filho, um desvio que denunciaria esse escabroso negócio. Assassinaram seu pai. De imediato. Mas não a mim. Nesta montanha, me aprisionaram. Só que eles não sabiam, eu também não sabia que você viria. Pedi que me deixassem sair, implorei que me enviassem de volta à Terra, mas sequestraram a minha liberdade e fizeram de seu fim propaganda. O nosso extermínio, meu filho, eis o exemplo do que eles fazem com aqueles que condenam o que eles praticam. Não pude te esconder. Você ficou imenso e, num dia, escorreu de meu ventre, raiando um berro ensurdecedor. Você nasceu em negação e, ainda que amarelo como os odiosos seres catequizados nesta odiosa estação, você veio guiado por olhos brilhantes, nutrido por um coração não cimentado. Quando te viram, nosso destino foi prontamente assinado, pois a sua alegria era insuportável neste solo. Você, filho amado, meu descontentamento que dança. Você, filho, minha fúria agigantada por terem feito de mim o contrário de tudo aquilo que desejei e tanto desejava.

um projeto tão desumano Nem eu nem seu pai
Cientista como eu

Fomos amantes por necessida
de Foi assim que você aqui em Marte foi gerado

às escondidas
porque precisávamos Precisávamos do toque
beijo abraço da lembrança que
éramos humanos numa estação onde a pai
xão passou a ser intolerável Você filho d
o ódio nascido
ódio ao contrário
Assassinaram seu pai
Nesta montanha me apri
sionaram
Pedi que me deixassem sair implorei que
me enviassem à Terra mas

Não pude
esconder Você ficou imenso e um dia escorreu de m
i m
ainda que amarelo
veio guiado por olhos
brilhantes Quando
te viram
sua alegria era insuportável

Ele ouvia cada palavra dita por ela. Ainda que sem rosto no qual pudesse se firmar, ainda que sem algum contorno de sua desconhecida mãe, ainda assim ele a ouvia. E quanto mais os segundos passavam, mais o céu se avermelhava, mais o calor aumentava, mais o seu corpo voltava a se misturar ao dela.

– Você foi o primeiro caso de extradição. Mandaram-te à Terra. Seu pequeno corpo, bruscamente arrancado do meu, foi lançado sobre o peito de outra mulher que, naquele instante, era também completa ira como eu era. Desde então a nossa história é divulgada nesta estação como exemplo de uma ousadia destemperada que precisa ser combatida. Não façam como aquela mulher! Não desejem aquilo que desejam! Não ousem servir a propósito outro que não apenas o determinado por este Estado! Este Estado, meu filho: colônia colonizadora. Política que usurpa corpos e vidas. Fiz o não autorizado, desejei o seu nascimento. Você viria para negar as censuras e para firmar a liberdade como força que não se cala. É chegado o momento. Por fim, agora juntos, por fim, a mãe te pede: morra comigo e em mim?

Mas era uma pergunta sem outra resposta possível. Ele gritava, tentando descolar seu corpo da sanguínea rocha. Quem falava, em voz mais alta, era o calor já se transmutando em fogo. Era chegado o momento, ela havia dito. Ele tremia, enraivecido, desejando entrar naquela rocha, querendo atravessar o tempo a contrapelo para chegar no início daquela história e pegar sua mãe pelas mãos, deitá-la em seu colo e beijar cada um de seus desconhecidos traços. O amarelo de seu corpo, em pontos específicos, começava a dourar. Era esse o fim que ela havia dito que estava por chegar? Ser mais um corpo carbonizado, ser parte

Você o primeiro caso de extradição à
Terra Seu pequeno corpo arrancado do meu
lançado sobre o peito de outra mulher
também completa ira como eu
nossa história é divulgada nesta estação como
uma ousadia que precisa ser combatida

Não ousem servir a propósito outro que não ape
nas o d este Estado Este Estado filho
colônia colonizadora que usurpa corpos e vidas Fiz
o não autorizado desejei seu nascimento para
negar censuras para firmar a liberdade como força que
não se cala Por fim agora juntos
a mãe te pede morra comigo e em mim

Ser mais um corpo carbonizado ser parte

íntima de um novo Holocausto? Era isso apenas? Não poderia ser. Ele não cederia, não ali, não tão rente a ela. Lacrou os olhos para espantar o pavor que se agitava em labaredas, se esparramou sobre a montanha e enfiou a boca no solo, espremendo os lábios contra a pedra.

– Mãe, por uma vida inteira quis te conhecer. Te procurei tanto, sem descanso. E te encontrei em ocasiões variadas. Você, na ausência de meu sorriso, sempre que um espelho me flagrava. Nos meus gestos mais bruscos tentando controlar o mundo, mesmo sem conseguir. Tive duas mães, mãe, agora eu sei. A segunda me protegeu do mundo e de suas quinas: me presenteou com festas de aniversário. A primeira mãe, você, plantou em mim o fascínio pelo indizível. Minha primeira mãe, a senhora, como eu poderia saber?, uma cientista. Olhei tanto para o céu. Talvez porque sentisse a senhora no longe, a me olhar, mas você nunca esteve fora nem muito além. A senhora sempre esteve aqui, dentro e embaixo, fundante, mãe rocha, a senhora, sem semelhança, mãe, solo e montanha, a senhora enorme, mãezinha, sustentação e levante. Uma última palavra, eu te imploro, por favor, mãe, me diz o que eu faço. O que eu faço agora? O que faço com tudo isso que estou sentindo?

Silêncio. Profundo e repentino. Quando os olhos dele se fecharam, a força de seus músculos já tinha se esvaído completamente. Seu corpo pesou sem resistência sobre o corpo dela e, por fim, o destino imposto aos dois havia se cumprido. Aquela imagem, outra vez, sobre aquela montanha: um corpo inerte consumido por flamas vermelhas.

íntima de um novo Holocausto   Não

Uma última pa

lavra   te imploro por favor mãe me diz o que eu faço
O que eu faço agora O que faço com tudo isso que estou
sentindo

Capítulo 9

Caminhavam lado a lado por uma rua de pedra. Voltavam silenciosos após um cansativo dia de aulas. Era uma noite fria e escura. Entre um passo e outro, ela parou no meio do caminho e ele, tão logo a percebeu parando, fez o mesmo. Olharam-se. Ela esticou uma das mãos e, em resposta, ele a puxou para cima de uma calçada de cimento. Estavam bem próximos um do outro quando se perceberam tremendo, ambos tremiam muitíssimo. Abriram um sorriso confidente e já meio úmido. Ainda que não soubessem explicar o que sentiam, gostavam de sentir tudo aquilo. Estavam mais vivos do que antes, eram capazes de coisas que, por ignorarem quais eram, os faziam ainda mais destemidos. Lentamente, ele se encostou contra o muro de uma casa e aproximou o rosto em direção ao sorriso dela. Naquela noite, aquelas duas crianças quase adolescentes experimentavam a possibilidade de, mesmo distintas, formarem juntas uma coisa única. Deram-se um beijo longo e acidentado. A incompreensão das línguas, o chocar sonoro dos dentes de leite, a secura de uma boca que

9

prontamente era encharcada pela correnteza da outra. Ondas gigantes de fascínio e pavor. Aquilo que sentiam, naquele instante preciso, ele desejou que nunca mais acabasse. Queria que a vida fosse exatamente aquilo, até o fim. Braços tentando encaixes, mãos vasculhando carnes sob camisetas, bocas e línguas, dentes e aquela sede, misto de dilúvio e saliva. Foi quando ouviram o barulho de um automóvel. Desataram as línguas em desespero e, rapidamente, perceberam que um farol os havia flagrado. Ela apertou o rapaz contra o muro e o beijou com ainda mais agressividade. Os braços dele, seus cotovelos, trepidando contra o cimento pontiagudo, se abriram em feridas sanguíneas. O carro passou velozmente, sem fazer maior alarde, deixando em seu rastro dois seres afogados numa alegria arrepiante. Foi ali naquele precioso instante, apesar de tão no início de sua vida, que ele encontrou as vértebras que sustentariam o seu destino: existir no meio exato entre um muro que rasga e um corpo outro que afaga. Doendo consciente porque jamais deixaria de amar e amando convicto porque amar sem doer não seria bem amor, mas talvez somente apatia.

Por muito tempo ele havia passeado pela vida distante dos muros e de seus eventuais murros. Viveu sua existência, por muito tempo, rendido pelo medo de que as coisas não saíssem do jeitinho como ele havia planejado. Sempre se posicionou alguns passos atrás das situações, tentando antever e controlar tudo o que lhe viesse. Mas muito tempo jamais sustentaria o tempo todo. Era isso o que, finalmente, ele descobria.

– Estar vivo pode ser tudo, menos estar no controle – confidenciou ele a si mesmo, ainda que sem boca para pronunciar tal sentença.

fascínio pavor

Estar

Lá estava ele: em chamas. Tornando-se, contra a sua vontade, parte nova daquela antiga montanha. Quando abriu os olhos, esbarrando a vista queimada no relevo em fogo, soube-se vivo e em carne exposta. Restava pouquíssima pele sobre o seu corpo. Ao descolar a boca da montanha fervente, seus lábios recusaram a separação e se rasgaram. Parte deles ficou colada na face da rocha e, em seu rosto queimado, uma desfigurada boca apareceu. Ele riu de si mesmo, ensanguentado, tocando a própria face, outra vez, desconhecida.

– Vir ao mundo, abrir-se em feridas. Chegar doendo, só depois sorrir. Maldição! Vida que não quer findar! Antes de partir teima em querer plantar! Por que meu ventre não esfria? – ele se indagava, inconformado. – Não posso mais, já suportei o bastante! Uma só cor, a mesma fala, aquela confinada gravata! Vida besta, enganada, tudo isso me enoja tanto! Agora estou longe, já distante, estou anos-luz de ser alguém porque já morri, não é isso? Morto agora, não estou livre?

Mudavam os personagens e as épocas, mas a tinta rubra queimando quilômetros e quilos de peles e carnes sempre havia sido um traço fundante daquela desumana colônia em Marte. Ele saboreava essa espantosa revelação numa duração alongada, descolando as mãos do chão fervente e desdobrando a maltratada coluna até ficar ereto sobre a montanha em chamas.

– Sobre esse monumento de corpos assassinados, mãe, por fim, desejo algo não só por mim. Quero lavar essa terra arrasada com meu sangue quente, acordar o sono imposto a essa gente, quero cruzar minha morte e deixar aqui plantada a força da minha ira. Venha. Te sinto presente e te preciso fora de mim.

em chamas

Sobre esse monumento de corpos assassinados

quero deixar
plantada a força da minha ira

Sob a montanha, em suas encostas, caras e corpos amarelados se amontoavam. Um bruto silêncio se impôs quando o viram se erguer. Tropeçante e desfigurado, ele caminhou até um altíssimo cume e seus olhos chamuscados viram os seres que o miravam. Eram amarelos, mas ainda assim humanos.

– Por que me olham? – indagou ele, mas tudo o que ouviu foi apenas o fogo.

Humanos. Estavam naquela estação há tempo suficiente para que perdessem o desejo pela vida e o viver como primordial desejo. Seres que, por aquela colônia, foram desumanizados. Em breve retornariam à Terra para levar uma vida comum e segura, cheia de certezas e esvaziada de acontecimentos. Só que aos seus olhos, surpreendentemente, não pareciam odiosos, não gritavam palavras de ordem em coreografias milionárias, não rosnavam nem sorriam. Existiam paralisados, não porque aquele fogaréu os assustava, mas porque já não tinham sensibilidade mínima para reagir a coisa alguma.

– Os senhores me escutam? Falamos a mesma língua? – perguntou ele e, mais uma vez, um pesado silêncio lhe veio em resposta. – Queimo em vossa frente, senhoras e senhores, por não tolerar mais viver mortificado, tal como aqui lhes ensinam. Existi, fui alguém quase uno, mas agora parto estraçalhado. Quanto mais me protegi da vida, mais ela fodeu comigo. Estou despedaçado e apenas continuo, pois aos pedaços encontro mais caminhos do que só um único.

Uma esfera minuciosamente construída e preenchida com ar adulterado. Ar com flúor em excesso. Corrosivo ar de coloração amarelo pálido, provocando o endurecimento constante e progressivo dos sentidos mais finos e delicados. Um campo esférico de condicionamento e, quando necessário, caras e corpos

amarelos ainda

humanos

e s

s e

ar adulterado Corrosivo ar

amarelo pálido endurecimento

constante dos sentidos mais delicados

um campo de extermínio. Era esse o propósito daquele Estado: não apenas deformar humanidades, mas também ostentar o poder absoluto e autodeclarado de decidir sobre a vida e a morte de cada ser ali presente. Diante dessa violência, furioso pela mudez que mirava seu corpo em chamas, ele desejava intensamente algo de extraordinário para desnortear tudo aquilo. Algo que já estava a caminho.

– Aqui regam o ódio. Só que, às vezes, quando ele germina, acaba nascendo ódio ao contrário. Foi assim comigo e que também assim seja com você, filho. Você me escuta? Por tanto ódio, o que te desejo é que você venha odiando essa porra toda. Não ouse sair de mim para repetir essa indiferença acostumada que já não vê nada nem escuta, que não sente a não ser raiva e cobiça e inveja e chacina e que preguiça, meu filho, vou te falar!

Uma delicada paixão o animava. Nada mais, porém, podia ser medido pelo tempo tal como já conhecido. As durações tinham se transtornado. As chamas não mais queimavam seu corpo, ao contrário, alimentavam o seu ritmo. Na beira da montanha, em explícita carne e como nunca antes tão luminoso, ele sentia que havia chegado o momento de parir seu legado, mesmo sem saber como.

– Estou te querendo, ora essa! Pedindo que venha rasgando minhas pregas e pisoteando neste solo a sua vontade. Quero que você venha intolerante à intolerância que quiser contê-lo, está sabendo? Que seu corpo seja música, sempre presente, nunca capturável. Não terás medo de se misturar nem virá com dedos que possam interromper o sentido dos ventos. A raiva que sinto agora é tão monumental que, para você, azarado, apenas o que sobrou foi o meu carinho. Nem te conheço, já te amo, faz do seu jeito,

esse propósito
deformar humanidades

extraordinário

Aqui regam o ódio Só que às vezes
acaba nascendo ódio ao contrário Foi assim comigo
que também assim seja com você filho Você me escuta

venha ras
gando minhas pregas e pisoteando neste solo a sua von
tade venha intolerante à intolerância que
quiser contê lo

na medida de seus espantos e de seus sorrisos, se vierem, filho, quando vierem. Não finja alegria nem segurança, idiota! Não finja, pois fingimento demais mata o nosso brilho.

Lacrimejante e em ebulição, ele comovia a si mesmo, mas não o inerte e seleto público que o assistia. Amarelos e opacos, ali sob a montanha, como que saídos de uma fornalha, aqueles seres permaneciam áridos de qualquer amabilidade. Eram amarelos não porque nasceram assim. Sua coloração estridente era saldo de um longo período em que viveram afastados de qualquer outro tipo de natureza. Um longo processo de confinamento que os secou e embruteceu, que os condicionou fatalmente a uma burrice fisiológica.

Regressariam à Terra, sim, mas incapazes de lidar com os tremores do dia a dia. Quando assim tão medrosos, por certo, comprariam segurança, pagariam por proteção, gastariam com embalados e blindados e mais médicos, mais caros e carros, mais remédios e, assim, quando finalmente saudáveis e organizados, já não perceberiam viver mais para as empresas do que para as suas próprias e fragilíssimas vontades. Sobre eles, tornado já parte daquela montanha, aquele bicho torrado e pelado tremia voluntarioso querendo lhes contar que a vida era um privilégio distinto e que não carecia ter medo dela.

– Mas por que não reagem, suas bestas? – olhou ele detidamente para os rostos nele estacionados. – Nesse momento em que me dissipo, é para a dureza de vossas fuças que sou obrigado a agir meu último ato? – E, mais uma vez, silêncio quente. Frente a eles, talvez pela fervura de sua língua trepidante, num lapso de tempo, seus olhos acabaram por enxergar mais do que ali se revelava.

Prédios brotando por entre as rochas vermelhas de Marte. Aviões e helicópteros cruzando o céu ora azul poluído, ora vermelho concentrado. Ele viu árvores enormes que ali não existiam. Não era que não estivesse mais em Marte. Nem que tivesse voltado à Terra. Era só uma percepção acachapante de que todos os lugares desse universo existem juntos e abraçados. Essa habilidade para enxergar o mundo liberto das distâncias que lhe inventaram, ele a vivia de modo indiscutível e afiado. Sentiu um arrebatamento profundo vendo numerosas e distintas espécies se povoando em cumplicidade. Quando pôde novamente focar aquele aglomerado de seres amarelos, sabia o que precisaria executar.

– Hoje sou a sua noite em espetáculo. Não mais homem nem mais bicho, frente a vocês sou a morte vestida em chamas. Por isso queimo tanto! Nesse fogo que te forjo e firmo, filho. Saia de mim sem pedir licença! Venha apenas disponível, que os caminhos te ensinarão a degustar cada passo. Anda logo, chegue a tempo para mastigar minha ignorância e jamais repeti-la. Vos ofereço minha alegria, caríssimas e carérrimos, ela quer lamber vocês tudo!

Ergueu a mão esquerda no ar fumegante e, em seguida, a esfregou por seu corpo aberto até encontrar o seu pênis flagelado e inútil. Passou por ele em atropelo e estacionou a mão no centro de seu cu. Nele, enfiou a ponta de seu dedo mais robusto e imenso. Era ali, naquele ponto solitário onde sentia que seu filho estava ancorado e, talvez, até mesmo com frio. Ali encontraria o definitivo e atrasado lance que precisava vingar urgentemente. Aquele era o momento.

– Peço perdão, caríssimos senhores, mas só podia ser aqui. No cu, se chama cu, conseguem ver daí? Meu único lugar não povoado. – Ele virou-se de costas para a plateia frente a vocês

queimo Nesse fogo te forjo

e firmo filho

Anda logo

a mão esquerda

encontra

o cu Nele enfio o dedo

mais robusto e imenso

que

momento

só podia ser

aqui No cu se chama cu conseguem ver

de idiotas e, como se rasgasse pela primeira vez um embrulho com ovos da roça, enfiou a mão inteira no mais fundo de seu interior.

– Esta é a cruz que me finco! Perdão pelo gesto obsceno, perdão por sobreviver ao fogo, por ter me reerguido em morte peço perdão, minhas senhoras. Mas só peço tantos perdões assim para ganhar de volta o meu direito de ser cretino. Rasgo-me oferecendo a vocês o cadáver de toda a moral que me matou por tanto tempo. Rasgo-me e me ofereço inteiro aos branquíssimos homens donos do jogo, com certeza machíssimos e tristes porque ainda não foram suficientemente machos para enfiar dentro de si algo que não fosse unicamente seus mil medos!

Um braço inteiro enfiado cu adentro e, finalmente, os desumanos amarelos começaram a reagir com nojo e também fascinação. Ele mirava, de quando em quando, para trás. Por cima dos ombros, olhava, certificando-se de que seu *gran finale* realmente impressionava aquele público exigente.

– Está acabando, caros e caras. Isso que agora faço o faço pela vida. Desobstruído o caminho, por favor, entrem, aqui dentro é lindo. Nem branco nem amarelo ou vermelho, o princípio desse mundo é e sempre será preto retinto!

Rindo e rangendo, enfiava-se mais e mais de si mesmo, doendo com força para devolver à vida o carrossel de suas infinitas possibilidades. Aquele gesto, aquele lance rasgado, ele o fazia com gosto. Quando finalmente arrancou o braço inteiro de seu rabo, seu filho não teria mais motivos para sentir vergonha.

– Eu te convoco, animal! Eu te conspiro, te exclamo! Desça já para cá, não tenha medo, meu filho, meu Amor,

Esta é a cruz que me finco

braço inteiro enfiado cu adentro

Isso que faço

é

para devolver à vida o carrossel de suas infinitas possibilidades

arran

co o braço inteiro filho

E te convoco te exclamo

todos estão te esperando, o universo está precisando de ti e te pedindo! A gente te ama!

Aquela derradeira imagem: ele com o rabo aberto e todo voltado para a imensidão do universo. Ela, uma gota leitosa, lentamente apareceu e mostrou a sua delicada face. Surgiu acuada na beirada da tórrida porta circular recentemente arrombada por um braço inteiro. Ali, a pequena infante, corajosa gotinha apesar de nanica, lançou-se empenhada numa queda fulminante em direção à montanha dos mortos.

Na imensidão do universo, simultânea, dir-se-ia que uma estrela cometeu suicídio, envergonhada. Mas não em Marte. Ali, assim que tocou o solo vermelho, a gotinha branca fez a alquimia acontecer. Ao tocar na rocha com seu pequeno volume, a pequena se condensaria ágil e se faria enorme.

Ele riu, envergonhado do ínfimo peido que havia soltado.

– Porra, mas só isso?! – indagou-se, irritado, porque queria mais, queria, se possível, um rio exponencial. Que viria. Estava vindo. Ele sabia, ele sentia.

De seu cu, subitamente, rompendo as pregas anestesiadas e já perdidas, ejaculando-se numa disritmia apaixonante, uma corredeira branca e torrencial cumpria, por fim, o seu destino. Seu filho fluvial, aquele rio, branco e pegajoso, não mais em gota, mas em caudalosa pasta, precipitou-se sobre a montanha incandescente fazendo estampido.

– Vejam a merda que vocês fizeram, seus desumanos. Em mim, seu projeto odioso virou festa! Dançarão essa música! Haverão de dançar!

Nascia a primavera em Marte. O branco daquele gozo viscoso sobre o fogo ainda trepidante fazia surgir uma no-

o universo está
pedindo
uma gota
na beirada da tórrida porta
arrombada por braço inteiro
corajosa gotinha nanica

gotinha branca
Ao tocar na rocha
se condensa ágil e enorme

s a indo
subita
ejaculando se numa apaixo
nante corredeira m
eu filho fluvial pegajo
so
fazendo estampido

Vejam a merda que vocês fizeram seus desumanos Em mim seu projeto odioso virou festa Dançarão essa música Haverão de dançar

em gozo
viscoso sobre fogo trepidante uma no

va e inusitada coloração. Uma tinta rósea foi se adensando pelo terreno marciano e, como se acordasse o sangue por tanto tempo ali sufocado, desatou a se multiplicar e a escorrer pelas laterais da montanha em direção à planície ocupada pelos apavorados seres não mais tão amarelados como antes.

– Eis o desfecho de minha ínfima história, minha inesperada cambalhota. Eis minha contribuição, esse caudaloso rio. Vai, demônio! Alastra seu verbo por esse mundo, multiplica seu gesto sempre que erguerem novos muros! Vai andando, mas vai correndo, peste! Seja o princípio interminável! Vai, Amor, vai com amor e por ele vai nutrido! Você, meu filho sem nome, meu erro mais lindo, meu que não é mais meu. Não mais meu filho, não mais o fim, você, agora, um começo revigorado, o negócio mais imundo deste mundo. Te observo dançar morro abaixo, te vejo nascido, te exclamo perplexo! Te admiro pela coragem com que recebeste a condenação a ti destinada. Eis a tua missão: dobrarás o ódio ante a vastidão do teu sorriso! Serás Amor, filho. Doa a quem doer.

E tombou para trás caindo fofo sobre a montanha morna e rosa. Mais um corpo ali reunido, porém, pela primeira vez, um corpo sem dor, sem mágoa ou mesmo verbo a ser dito. Um corpo agora também montanha, disposto a sustentar a vida que continuaria vindo em todo o seu intempestivo ritmo.

va tinta rósea se adensa
pelo terreno acorda o sangue
por tanto tempo sufocado e
escorre pelas laterais da montanha em direção
a os seres não mais tão amarelados
como antes
Eis a minha ines
perada cambalhota Eis minha contribuição esse caudaloso
rio Vai Alastra seu verbo mul
tiplica seu gesto sempre que erguerem muros Vai
andando vai correndo
vai
filho meu erro mais lindo
você
um começo revigorado
Te observo dançar morro abaixo te vejo nascido te
exclamo perplexo e admiro a coragem com que rece
beste a tua missão dobra
rás o ódio ante a vastidão do teu sorriso Serás Amor filho
Doa a quem doer

Dez anos de Teatro Inominável

O Teatro Inominável surgiu em 29 de dezembro de 2008, no Rio de Janeiro, por meio do encontro dos artistas Adassa Martins, Carolline Helena, Dan Marins, Diogo Liberano, Flávia Naves e Natássia Vello, mas só em 2011 se reconheceu como uma companhia teatral. Em sua trajetória, inicialmente, reuniu peças teatrais criadas na graduação de Artes Cênicas: Direção Teatral da Universidade Federal do Rio de Janeiro (UFRJ) e, na sequência, criações que surgiram após a formatura de Diogo Liberano, seu diretor artístico e de produção, na UFRJ. Desde o final de 2014 até o presente momento, a companhia se expandiu e atualmente é integrada por Andrêas Gatto, Clarissa Menezes, Diogo Liberano, Flávia Naves, Gunnar Borges, Laura Nielsen, Márcio Machado, Natássia Vello e Thaís Barros.

Em seu histórico de criação, além de três edições da mostra de artes da cena *Mostra Hífen de Pesquisa-Cena*, criou também os espetáculos e performances *Não dois* (2009), *Vazio é o que não falta, Miranda* (2010), *Como cavalgar um dragão* (2011), *Sinfonia Sonho* (2011), *Concreto armado* (2014), *O narrador* (2014), *poderosa vida não orgânica que escapa* (2016), *Nada brilha sem o sentido da participação* (2017), *dentro* (2019) e *YELLOW BASTARD* (2019). Em 2012, o Inominável foi indicado ao Prêmio Questão de Crítica, no Rio de Janeiro, pela direção de *Sinfonia Sonho* e pela realização da primeira edição da *Mostra Hífen*. No mesmo ano, recebeu três premiações no Festival Estudantil de Teatro (FETO) de Belo Horizonte com *Sinfonia Sonho*: paisagem sonora, corpo em cena e voz em cena. Em 2015, essa dramaturgia foi traduzida para o inglês e publicada na revista *Theater*, da Yale School of Drama (EUA). Também em 2015, o grupo foi indicado pela dramaturgia da performance *O narrador* aos prêmios Shell e Cesgranrio, também no Rio.

Além de inúmeras temporadas em cidades como Rio de Janeiro e São Paulo, o Inominável também se apresentou em festivais e mostras nacionais como Festival de Teatro de Curitiba (Curitiba/PR), Festival Palco Giratório (Porto Alegre/RS), TEMPO_FESTIVAL (Rio de Janeiro/RJ), Mostra Rumos Cultural – Itaú Cultural (São Paulo/SP), Festival Internacional de Teatro de São José do Rio Preto (São José do Rio Preto/SP), Festival Nacional de Teatro de Presidente Prudente (Presidente Prudente/SP), Trema! Festival (Recife/PE), Mostra BH in Solos (Belo Horizonte/MG), Festival Estudantil de Teatro de Belo Horizonte – FETO (Belo Horizonte/MG), Festival Internacional de Teatro Universitário de Blumenau – FITUB (Blumenau/SC), entre outros; e internacionais, como a Volumen. Escena editada, em Buenos Aires, na Argentina.

Nesses dez anos de trajetória, recebeu, em 2010, o patrocínio da Secretaria Municipal de Cultura (SMC) do Rio de Janeiro, por meio do Fundo de Apoio ao Teatro (FATE), para a criação de *Como cavalgar um dragão*; em 2015, o Prêmio Funarte de Internacionalização de Espetáculos Teatrais para a performance *O narrador*, e, em 2017, o Programa Banco do

Brasil de Patrocínio para a criação de *YELLOW BASTARD*. Com um grande histórico de realizações, fica evidente que a existência e a continuidade da companhia são possíveis graças a outros modos de produção que não apenas fomentos, prêmios ou patrocínios.

Tendo surgido numa universidade pública brasileira, tornou-se constituição da companhia o entrelaçamento entre pesquisa e criação. Os artistas do Inominável são artistas-pesquisadores. Articular pesquisa e criação, teoria e prática, para além de qualquer modismo, se manifesta no Inominável como uma operação dinâmica para valorizar as subjetividades em jogo e tramar relações estéticas e políticas incisivamente afetadas pela heterogeneidade dos pontos de vista em ação. Em seu fazer colaborativo e que, de fato, busca sempre implicar o posicionamento individual de cada criador, a companhia chegou à prática da arte da performance. Para o Inominável, a performance se tornou um modo privilegiado para energizar o fazer teatral em direção a desdobramentos outros que não apenas estéticos, mas sobretudo éticos e relacionais.

Se há alguma inominável contribuição ao fazer artístico contemporâneo, pode-se dizer que ela diga respeito à indissociabilidade entre pesquisa e criação e à costura entre criação e produção. Para além de artistas-pesquisadores, os integrantes do Inominável são também artistas-produtores. Foi preciso que a companhia aprendesse a produzir suas criações, porque todas elas sempre nasceram sustentadas unicamente pelo desejo. Há, entre os criadores do Inominável, um mesmo refrão chamado honestidade radical, que foi dado de presente à companhia pela professora, performer e teórica da performance Eleonora Fabião. Ser honestamente radical é afirmar desejos em sua radical inteireza, é confiar integralmente no outro e lançar em roda aquilo que se sente, tal como é sentido. Trabalhar em modo honestidade radical implicou descobrir, sempre de novo e renovadamente, como fazer para que as criações da companhia acontecessem sem a necessidade de um gabarito informando se os passos dados foram certos ou errados. O desejo de fazer e experimentar, de compor e compartilhar aquilo criado continua, sem dúvida, sendo a maquinaria que anima o Inominável e o movimenta adiante. Pois que assim seja pelas próximas décadas!

Editora-chefe
Isabel Diegues

Editora
Fernanda Paraguassu

Gerente de produção
Melina Bial

Revisão final
Eduardo Carneiro

Projeto gráfico de miolo e diagramação
Mari Taboada

Projeto gráfico de capa
Diogo Liberano

Montagem de capa
Mari Taboada

Foto de capa
Thaís Grechi

CIP-BRASIL. CATALOGAÇÃO-NA-FONTE
SINDICATO NACIONAL DOS EDITORES DE LIVROS, RJ

Liberano, Diogo
L665y Yellow Bastard / Diogo Liberano.- 1. ed.- Rio de Janeiro : Cobogó, 2019.
(Dramaturgias)
ISBN 978-85-5591-084-5

1. Teatro brasileiro. I. Título. II. Série.

18-50203 CDD: 869.2
CDU: 82-2(81)

Vanessa Mafra Xavier Salgado- Bibliotecária- CRB-7/6644

Nesta edição, foi respeitado o Acordo Ortográfico da Língua Portuguesa de 1990, que entrou em vigor no Brasil em 2009.

Editora de Livros Cobogó Ltda.
Rua Jardim Botânico, 635/406
Rio de Janeiro – RJ – 22470-050
www.cobogo.com.br

COLEÇÃO DRAMATURGIA

ALGUÉM ACABA DE MORRER LÁ FORA, de Jô Bilac

NINGUÉM FALOU QUE SERIA FÁCIL, de Felipe Rocha

TRABALHOS DE AMORES QUASE PERDIDOS, de Pedro Brício

NEM UM DIA SE PASSA SEM NOTÍCIAS SUAS, de Daniela Pereira de Carvalho

OS ESTONIANOS, de Julia Spadaccini

PONTO DE FUGA, de Rodrigo Nogueira

POR ELISE, de Grace Passô

MARCHA PARA ZENTURO, de Grace Passô

AMORES SURDOS, de Grace Passô

CONGRESSO INTERNACIONAL DO MEDO, de Grace Passô

IN ON IT | A PRIMEIRA VISTA, de Daniel MacIvor

INCÊNDIOS, de Wajdi Mouawad

CINE MONSTRO, de Daniel MacIvor

CONSELHO DE CLASSE, de Jô Bilac

CARA DE CAVALO, de Pedro Kosovski

GARRAS CURVAS E UM CANTO SEDUTOR, de Daniele Avila Small

OS MAMUTES, de Jô Bilac

INFÂNCIA, TIROS E PLUMAS, de Jô Bilac

NEM MESMO TODO O OCEANO, adaptação de Inez Viana do romance de Alcione Araújo

NÔMADES, de Marcio Abreu e Patrick Pessoa

CARANGUEJO OVERDRIVE, de Pedro Kosovski

BR-TRANS, de Silvero Pereira

KRUM, de Hanoch Levin

MARÉ/PROJETO bRASIL, de Marcio Abreu

AS PALAVRAS E AS COISAS, de Pedro Brício

MATA TEU PAI, de Grace Passô

ÃRRÃ, de Vinicius Calderoni

JANIS, de Diogo Liberano

NÃO NEM NADA, de Vinicius Calderoni

CHORUME, de Vinicius Calderoni

GUANABARA CANIBAL, de Pedro Kosovski

TOM NA FAZENDA, de Michel Marc Bouchard

OS ARQUEÓLOGOS, de Vinicius Calderoni

ESCUTA!, de Francisco Ohana

ROSE, de Cecilia Ripoll

O ENIGMA DO BOM DIA, de Olga Almeida

A ÚLTIMA PEÇA, de Inez Viana

BURAQUINHOS OU O VENTO É INIMIGO DO PICUMÃ, de Jhonny Salaberg

PASSARINHO, de Ana Kutner

INSETOS, de Jô Bilac

A TROPA, de Gustavo Pinheiro

A GARAGEM, de Felipe Haiut

SILÊNCIO.DOC, de Marcelo Varzea

PRETO, de Grace Passô, Marcio Abreu e Nadja Naira

MARTA, ROSA E JOÃO, de Malu Galli

MATO CHEIO, de Carcaça de Poéticas Negras

SINFONIA SONHO, de Diogo Liberano

2019

1ª impressão

Este livro foi composto em Univers.
Impresso pela gráfica Stamppa
sobre papel Pólen Bold LD 70g/m².